FOR RULERS

인류지도자를 위한 비망록

나는 인류사회를 위해 무엇을 할 것인가?

Yehezkel Dror 저

권기헌·윤기영·이강희·조진형·이대웅 역

박영사

지도자에게 조언을 했으나, 그 조언이 흔히 헛되어 버린,
이미 고인이 되었거나 아직도 활동중인
랜드 연구소의 친구들을 위해서.
'터무니 없는(Crazy)' 생각으로 랜드 연구소의 친구들과 활발하게
토론을 하며, 배웠던 모든 것들에 대해 감사를 전한다.

차례

00

　현재 인류는 심각한 도전에 직면해 있다. 무분별한 핵 개발로 인한 전쟁과 파멸의 위험이 있고, 문명과 이념의 충돌에 따른 핵 대전의 위기가 있다. 기후변화로 인해 재난재해가 그치질 않고 있고, 신종과 변종 바이러스의 등장으로 인한 위험도 있다. 인공지능의 등장에 따른 대량실업도 위기이지만, 사회적 혼란으로 인해 폭력적 갈등의 조짐도 있다. 급격한 과학기술의 발달은 인류에게 새로운 위협이 되고 있다. 합성생물학(合成生物學)과 유전체학(遺傳體學)은 인류에게 새로운 도전이 되고 있으며, 인공지능의 발달은 전 지구적 부의 양극화를 심화시킬 것이다. 반면 이러한 기술의 발달은 인류에게 새로운 기회와 가능성을 동시에 제시한다. 그렇다면 과연 지금의 위기는 인류사에 있어 새로운 문명을 향해 용트림하는 좋은 징조가 될 것인가, 아니면 그야말로 인류를 파멸로 치닫게 할 격변의 무질서인가?

　본서, 『인류지도자를 위한 비망록: 나는 사람을 위해 무엇을 할 것인가』는 예헤츠겔 드로어(Yehezkel Dror) 교수의 답변과 처방을 담고 있다. 한 시대를 대표하는 지성이 절박한 심정을 담은 외침이자 지혜이다. 메타윤리와 인류정책을 글로벌 거버넌스에 담았다. 우리는 그가 '인류정책'이라고 표현한 것에 주목한다. 인류의 지도자들은 인류로부터 인류를 구원하려는 프로메테우스적 사명을 지닌다. 그리고 정책학은 새로운 미래에 대한 탐색을 해야 할 책무를 지니는 것이다.

인류의 생존을 위협하는 '초위험'에 대해 명확히 인지해야 하며, 이를 위해 리더십, 정책, 교육 등을 포함하여 다양한 글로벌 거버넌스적 조치가 필요하다. 미래의 지도자는 상상력을 키워야 하며, 사고실험을 통해 직관과 통찰력을 키워야 하며, 창의와 초합리성을 키워 정책적 대응역량을 다져야 한다.

정책학은 원래 인류가 처한 근본적 문제에 대한 해결책을 탐구한다. 드로어 교수는 2019년 현재 우리나라 나이로 92세로서 히브리 대학의 명예교수이다. 그는 정책학의 중시조로 평가받고 있으며, 정책학의 아버지로 불리는 라스웰(Harold Lasswell)의 제자다. 드로어 교수의 지식의 지평은 정책학에만 머물지 않았으며, 정치학과 미래학에까지 그의 사유와 인식의 지평을 확장했다. 드로어는 그의 기념비적인 논문, "정책과학 서설(Prolegomena to Policy Sciences)"에서 정책연구의 초점은 정책분석, 정책전략, 정책설계에 있다고 하면서, 정책의 미래지향적 전략연구의 중요성을 강조하였다.

드로어는 또한 정책학에 미래예측을 체계적으로 도입한 학자이다. 미래예측과 정책연구는 유기적 관계에 있다고 강조하면서 미래의 장단기적 시계에 따른 위험과 선호, 가치체계를 정책학에 통합시켰다.

드로어는 미래학의 대표적 학술지 중 하나인 퓨처스(Futures) 지(誌)의 초대 편집자를 지냈다. 그의 1996년 논문, "중요한 선택 대안의 개선(Improving critical choices)"에서 이미 인류 미래에 대한 그의 고민과 걱정의 단초를 엿보게 한다. 그의 논문은 다음과 같은 서문으로 시작한다.

21세기는 누구에게 그렇게 즐겁지 않을 듯하다.

그러나 나는 22세기 혹은 그 이후의 시대가 더욱 공정해질 것이라는 일말의 희망을 간직하고 있다. 100년 내외에 전 세계 인구 규모는 일정한 수로 안정화될 것이다. 손상되었던 환경은 치유될 것이며, 새롭고 더욱 공평한 경제 시스템이 만들어질 것이다. 지구적인 직접 민주주의는 달성될 것이다. 유전공학, 인공지능 및 나노기술은 우리 지구에 있는 생명체를 변형시킬 것이며, 달과 화성 및 우리 태양계의 행성계에(그리고 우리 태양계를 넘어서) 생명체가 살 수 있도록 만들 것이다. 그리고 리처드 브로티건이 매우 이른 시기에 이해했듯이, 우리 인류와 달 등에 이식된 생태계는 '우아한(loving grace) 기계에 의해 보호받을 것'이다. 나는 21세기를 회피하고, 좀 더 먼 미래로 건너뛰어 바로 가고자 한다.

나와 동행하겠는가?

21세기에 대한 그의 1996년의 진단은 20년이 지난 2016년에 주창한 클라우스 슈밥의 4차 산업혁명과 맥이 닿아 있다. 하지만 드로어는 4차 산업혁명에서 한발 더 나아가 인공지능, 나노 및 생명과학이 21세기의 인류사회에 큰 영향을 미칠 것으로 예측하였으며, 이러한 새로운 도전에 어떻게 성공적으로 대응할 수 있을지에 대한 통각(統覺)적 지혜(智慧)를 제시하고 있다. 그의 이러한 고민과 인류를 향한 사랑이 90세가 넘는 노학자로 하여금 이 책을 집필하게 만든 것으로 사료된다.

이 책은 한국사회에도 매우 유효하다. 아니 그 어느 나라보다 한국사회에 더욱 필요한 책이다. 과학기술, 특히 디지털 기술에 있어서 한국사회의 도입속도가 가파르고, 남북한 이념 분단으로 인한 고통과 이로 인한 새로운 가능성을 모두 간직하고 있기 때문이다. 또한 천손(天孫)으로서의 유전자를 지닌 한국의 미래 젊은이들은 새로운 시대가

몰고 올 위험과 기회에 눈과 귀를 열고, 깨어있는 자세로서 새로운 도전을 타고 넘어야 할 것이기 때문이다.

그의 글에 과격한 부분이 없는 것은 아니다. 때론 긴급한 마음에 절박한 어조로 임하다 보니 다소 과도한 지상명령처럼 들리는 부분도 있다. 하지만 이 모든 것은 그가 일생 동안 어떠한 마음가짐으로 학술 활동을 해 왔는지를 이해한다면, 또한 하나의 선지자적 사명을 지닌 그가 현재 직시하고 있는 인류의 위기가 얼마나 다급한 것인지를 이해한다면, 오히려 독자들의 지적(知的), 영적(靈的) 성장에 큰 자극이 될 것으로 믿는다.

드로어 교수가 우리에게 주고자 하는 메시지는 분명하다. 21세기의 인류는 현재 그 이전과는 격(格)과 차원(次元)이 다른 위험에 처해 있고, 이것을 정치지도자들의 손에만 맡겨 놓기엔 너무 위험하다는 것이다.

매우 공감이 가는 주장이다. 하지만, 단순히 그의 글에 공감만 하고 있기에는 너무 절박한 메시지라고 느꼈다. 그리하여 이러한 메시지를 한국의 독자들께도 공유해야겠다고 결심했다. 이러한 작업에 마침 윤기영 교수, 이강희 과장, 조진형 선생, 이대웅 박사가 흔쾌히 동참해 주셨다. 대표역자로서, 이분들의 참여와 노력에 한분 한분 깊이 감사드리며, 특히 미래학자인 윤기영 교수께서는 종합적으로 조율해 주시고, 세심하게 보충해설을 각주로 정리해 주시는 등 각고의 노력이 있었기에 특별한 감사를 드린다.

이 책을 한국어로 번역 출간하는 데 도움을 준 박영사 이영조 팀장께 큰 감사를 드린다. 그의 지원이 없었다면, 이 책이 한글로 번역 출간될 수 없었다. 이영조 팀장에게는 단순히 말로 다 할 수 없는 고마움을 느낀다. 또한, 박영사의 전채린 과장과 우리 연구실의 이다솔

선생에게 특별한 감사를 하지 않을 수 없다. 이 두 분의 꼼꼼한 검토가 없었다면, 이 글은 이상한 번역의 글이 되어 읽기가 어려웠을 것이다.

이 책은 정치인, 과학자, 정책학자, 철학자에게만 해당되는 게 아니라, 미래 새로운 유형의 정치지도자가 될 대학생들에게도 필독서라고 생각된다. 그들은 미래사회의 주인이기에 그들이 주인이 될 사회의 건설을 위해서는 이 책에서 제시하는 리더십, 멘토링, 정책학과 공공정책 교육이 필수적이기 때문이다.

마지막으로, 드로어 교수에 대한 깊은 존경과 헌사의 마음을 담아, 이 글을 마무리하고자 한다.

여러분은 21세기, 이 절박한 시점에 드로어 교수와 기꺼이 동행하겠는가? 우울한 21세기를 뒤로하고, 새롭고 '우아한' 미래를 열기 위한 지도자의 사명에 기꺼이 동참하겠는가?

대표역자 권기헌
성균관대학교 행정학과 교수
성균관대학교 국제정보정책전자정부연구소장

1.1 이 책은 절박한 마음으로 기록한 비망록이다. 이 책의 목적은 독자가 스스로가 범인류적인 지도자(이후 '인류지도자'라 하겠다), 즉, 새로운 유형의 정치지도자로 거듭날 수 있도록 지침을 주는 데 있다. 인류지도자는 인류로부터 인류를 구원하는 프로메테우스[1][2]적 사명을 가진다.

1.2 이 비망록을 통해 전달하고자 하는 메시지가 급박하기 때문에 나는 이 비망록을 서둘러 쓸 수밖에 없었다. 새로운 시대로의 전환이 임박해 있고, 그 속도가 가속화하고 있기 때문이다. 새로운 시대로 전환이 되면 지구의 형태와 환경 및 인류에 대한 정의가 변화될 수 있다. 이때가 되면 현생인류보다 우월한 초인류가 탄생할 수도 있고, 초지능을 탑재한 "기계"가 출현할 수도 있다. 또한 인류는 어처구니 없을 정도로 쉽게 자

---

1) 이 책의 모든 각주는 역자주이다. 이 책의 저자는 따로 각주를 달지 않았으며, 역자들은 독자 여러분의 이해를 돕기 위해 각주를 통해 부가적인 설명을 했음을 이해해주기 바란다.

2) 프로메테우스는 그리스 신화의 거인족으로 인간을 사랑한 신이다. 인간에게 불을 전해주었다고 하여 제우스에게 벌을 받는다. 프로메테우스는 예언자의 뜻도 지닌다. 미래를 내다보며 인간을 사랑한 프로메테우스는 인류지도자에 대한 비유적 표현으로 가장 적합한 것이 아닐까? 드로어 교수가 '프로메테우스적 사명'으로 표현한 이유를 알 수 있다.

멸할 수도 있다.

1.3 과학과 기술이 인류에게 제공한 힘은 기회와 위험을 동시에 간직하고 있다. 인간은 과학과 기술의 힘을 통해 유례없는 번 영을 누릴 수 있다. 이와 반대로 현대의 문명을 위험하게 하 고, 거기서 그치지 않고 인류의 존재를 지구상에서 멸종시킬 정도의 끔찍한 재앙을 초래할 수도 있다.

1.4 규모의 측면으로 보자면, 냉정하게 말해서 5천만 명에서 1억 명보다 많은 사람이 죽거나 혹은 불구가 되는 것을 지구적 대재앙이라 할 수 있다. 그런데 지구적 대재앙보다 더 참혹한 일이 일어날 수 있다. 즉, 만약 지구의 문명 중심지에서 인류 의 반 이상이 죽는다면, 문명은 더 이상 유지되지 않을 수 있 다. 그리고 대재앙 이후 100쌍의 건강한 남녀 그룹이 3개보 다 적게 남는다면, 인류는 지구에 더 이상 존재하지 않을 수 도 있다.

1.5 불가피하게도, 정치지도자는 인류의 미래를 결정짓는 과학과 기술의 힘의 사용과 오용에 대한 정책을 결정하는 데 핵심적 역할을 담당한다. 그러나 현존하는 고위 정치인은 새롭게 등 장하는 도전에 대응하기 위한 자격을 제대로 갖추고 있지 못 했다. 고위 정치인이 그러한 자격이 없음을 확인하고 싶다면, '이라크 전쟁에 대한 영국 추밀원 위원회 2016년 보고서'[3] 요 약본을 읽기를 바란다. 다른 사례를 하나 더 들자면, 2016년

---

3) 구글에서 "the report of the iraq inquiry"를 검색어로 하여 찾을 수 있다. 동 보 고서의 요약본 주소는 아래와 같다.
http://webarchive.nationalarchives.gov.uk/20171123124621/http://www.iraqin quiry.org.uk/media/247921/the－report－of－the－iraq－inquiry_executive－ summary.pdf

영국하원의 외교정책위원회의 보고서인 '리비아: 개입, 붕괴 및 영국의 미래 정책 선택 대안 점검'[4]도 읽어 볼 가치가 있다. 이들 보고서는 현재의 정부의 조직구조가 끊임없이 노후화되어 가고 있음을 보여준다. 이들 보고서는 높은 전문성을 지닌 참모의 지원을 받는 영국 수상도 "정상적"[5]이나 복잡한 문제에 제대로 대응하지 못하고 있음을 명료하게 보여준다. 인류를 위협하는 수령을 적절하게 메우거나, 혹은 새로운 길을 개척하는데, 기존의 정치 지도자를 믿고 의지할 수 없다는 점을 강조하고 싶다. 따라서 새로운 유형의 정치지도자의 출현이 시급하게 필요하다. 인류지도자 없이 인류의 생존과 번영을 위한 요구사항은 만족될 수 없으며, 인류의 장기적 생존은 심각한 위기에 처해질 수 있다.

1.6 이 비망록은 기존의 정치지도자에게 부족하나 인류지도자가 되기 위해서는 필요한 자격요건을 독자 여러분이 갖출 수 있다는 일념으로 쓰여진 것이다. 이 비망록은 미래의 정치 지도자 및 이들에 대해 영향력을 미칠 수 있는 참모 등을 포함하여 그 이외의 모든 사람을 위해 쓰였다.

1.7 이 비망록의 독자는 정치지도자가 되어야 하는 사람뿐만 아니라, 정치지도자가 되기 위한 열정을 지닌 사람도 그 대상이 된다. 현재의 정치 구조는 우리 사회 최고의 인재를 유인하지도 수용하지도 못한다. 최고의 인재란 탁월한 과학자, 정책학

---

4) 아래 사이트에서 원문보고서를 다운받을 수 있다.
   https://publications.parliament.uk/pa/cm201617/cmselect/cmfaff/119/119.pdf
5) 정상적인데도 대응하지 못한다는 의미는, 비정상적 문제에 대해서는 대응능력이 더욱 없다는 의미다. 비정상적이란 뉴노멀과 포스트 노멀을 포함한다. 그리고 현시대를 뉴노멀 혹은 포스트 노멀로 표현할 수 있다.

분야의 역량 있는 학자와 혁신적 철학자 등을 의미한다. 이 글을 읽고 있는 여러분이 위의 과학자, 정책학자 및 철학자 등에 해당한다면, 이 비망록으로 인해 여러분이 "일상적 정치"가 일으키는 고약한 냄새로 인한 구역질을 극복하고, 새로운 정치를 만들어 낼 용기를 불러일으킬 수 있기를 희망한다. 이를 통해서 여러분이 고위 정치인이 되는 데 성공하여, 기존의 정치체계를 전환하여 인류의 운명을 개척하고 해결할 수 있는 데 이바지할 수 있기를 바란다.

1.8 또한 이 비망록은 새로운 유형의 정치지도자가 될 대학생을 위해서도 쓰여졌다. 새로운 인류지도자가 출현하고 프로메테우스적 사명을 달성하기 위해서는 미래에 영향을 줄 조직 및 사람과 긴밀하게 협력해야 한다. 나아가 대중의 지지를 받아야 한다. 따라서, 이 비망록은 기업가, 박애가, 영향력 있는 언론인 및 인류의 미래에 대해 진심으로 걱정하는 모든 이들과 관련이 있다.

1.9 이 비망록에서 제시된 방향으로 이행하기 위해서는 리더십, 멘토링 및 정책학과 공공정책 교육 등에서 수많은 혁신이 필요하다. 이들 분야의 연구자, 교수, 실무자 및 학생은 이 비망록을 읽으면 그들의 전공과 상당한 관련성이 있음을 알게 될 것이다.

1.10 우선 여러분에게 완전히 다른 시대가 도래하고 있음을 보여주고자 한다. 이 시대의 인류의 운명은 우리 스스로의 선택에 따라 결정된다. 인류의 운명은 인류지도자인 여러분의 어깨 위에 있다. 여러분의 프로메테우스적 사명을 완수하기 위해서는 필요한 핵심적 역량과 자질 및 이에 대응하는 원칙이

있어야 하는데, 이에 대해서는 순서에 따라 제시하겠다. 마지막으로 자격을 갖춘 인류지도자가 되기 위한 실존적 선택에 대해 설명하겠다.

1.11 이 책의 핵심 주제에 대해서는 이해를 돕고자 추천 자료 목록을 비망록 후반에 별도로 첨부했다. 다만 제시된 자료의 최신본을 찾아서 읽기를 권한다.

02

2.1 과학과 기술로 인해 인류는 행사할 수 있는 힘의 크기가 비약적으로 늘었다. 한편으로 이러한 도약은 인류가 과거에는 상상할 수 없을 정도의 번영을 가져왔다. 인류는 과학기술의 발전으로 인해 머지않은 미래에 우주로 진출하게 될 것이다. 다른 한편으로 인류가 행사할 수 있는 힘의 비약적 증대는 우리 인류 전체를 심각한 운명적 위험에 노출시키기도 했다. 인류는 과학기술이 준 힘을 사용함에 있어서 지금과 같은 운명적 선택을 해야 하는 경우가 없었다.

2.2 전쟁 혹은 평화와 같은 중요한 결정을 내리는 탁월한 "일반적" 통치자라 하더라도, 앞으로 인류가 직면하게 될 기념비적 사건에 대해서는 어떤 것도 준비가 되어 있지 않을 것이다. 현재 지구상의 전 인류도 그러한 변화에 대해 준비되어 있지 않다. 심지어는 인류의 대다수는 그 변화의 조짐조차도 깨닫지 못하고 있는 것으로 보인다. 따라서 내가 여러분에게 인류 지도자가 되라는 조언을 하는 것은 즐거운 일이기도 하나, 역사적 사건이기도 하다. 여러분은 헤겔이 말한 '세계사적 개인'이 되도록 해야 한다. 여러분이 세계사적 개인이 되는 영역이 작은 규모에 그칠 수 있다. 그렇다 하더라도 여러분은 '세계

17

사적 개인'이 되어야 한다.

2.3 인류가 점진적으로 직면하게 된 기로에서 제대로 된 선택을 할 수 있도록 최선을 다하는 것이 프로메테우스적 사명이다. 단어 '프로메테우적'의 사전적 의미는 "용감하고, 창의적이며, 기원적"을 뜻한다. 그리스 신화의 해석으로는 인류를 도와주는 것을 의미한다. 바이런 경의 1816년의 시 '프로메테우스'에서 이를 잘 묘사하고 있다.

> 당신이 전해 준 교훈 덕분에
> 인간의 비참함은 줄어들었고
> 인간은 제정신을 차리고 강해졌지만…

2.4 여러분의 프로메테우스적 사명에 있어서 대상이 되는 미래 시점은 현재시점과 근본적 변화가 완료될 시기의 두 가지가 있다. "현재 시기"는 앞으로 5년에서 10년 정도를 의미하며, 근본적 변화가 완료될 시기는 50년에서 100년 정도의 미래로 예견된다. 앞으로 5년 혹은 10년 정도의 미래 기간은 체계적이고 안정적인 실천을 위해서는 그리 길지 않은 시간이다. 그러나 긍정적 미래변화가 뿌리를 내리는 데에는 충분한 시간이다.

2.5 인류의 기대수명이 늘어난 것을 생각하면, 현재의 100년은 과거의 100년보다 짧은 시간이 되었다. 여러분의 세대에서 100년은 나의 세대보다 짧게 여겨질 것이다. 따라서 과거의 같은 기간에 비해 더 많은 일이 발생할 것이다. 변화는 가속화할 것이다. 근본적 변화가 완료될 시간으로 50년에서 100년 정도면 충분히 합리적이다.

2.6   내가 주장하는 프로메테우스적 사명의 철학적 기반은 영적이
거나 정신적인 것이 아니라 세속적인 것이다. 인류는 가능성
으로 가득 찬 무지[1]의 끝에 서 있다. 어떠한 미래도 실현 가
능하다. 이를 실현 하느냐의 여부는 바로 여러분에게 달려 있
다. 다만 예외가 하나 존재하는데, 이는 여러분의 사명을 완
수하게 만드는 가치의 규범적 근간을 이루는 메타 윤리학과
관련이 있다. 이에 대해서는 7장에서 다루겠다.

---

1) 미래에 대한 무지는 정해졌는데 알지 못하는 경우, 너무 복잡해서 알 수 없는
경우, 우리가 아직 정하지 않아서 알 수 없는 경우이다. 따라서 여기서 무지란
이미 정해졌으나 알지 못함을 의미하지 않고, 다양한 가능성으로 가득 찬 백지
의 무지를 의미한다.

03

3.1 "인류세"란 인류가 지구 환경에 큰 영향을 끼쳐, 지질학적 중요한 특징을 가지게 된 시대를 지칭하는 단어이다. 다수의 의견은, 인류세가 18세기 후반과 19세기 전반의 산업혁명 시대에 시작했다고 보고 있다. 그러나 20세기 후반은 인류에게 더욱 큰 영향을 미쳤다. 1945년의 원자폭탄의 생산과 사용은 새로운 시대를 시작하게 했다. 나는 이를 "인류 재발달세"라 부른다. 인류 재발달세에 인류는 지구의 지질학적 및 생태적 특징 등을 변형할 수 있을 뿐만 아니라, 인류 스스로의 주요 속성을 재창조할 수 있으며, 혹은 인류를 소멸시킬 수도 있다.

3.2 과학과 기술의 급격한 발달은 인류가 보다 오래 살고, 보다 풍요롭게 살 수 있게 할 것이다. 또한 정신적 능력을 향상시킬 수 있으며, 인류가 거주하기 위한 초 기술집약적 "에덴의 동산"을 건설할 수 도 있다. 인간 복제, 인간과 공존할 새로운 지적 존재의 창조, 지구를 넘어 우주에 인간 거주지의 건설 또한 실현 가능하게 될 것이다. 그러나, 원자폭탄의 창조자 중의 한 명이 자백했듯이, "과학적 방법이라는 것은 인류애를 지향하기 위해 과학을 통제하는 것이 아니다." 과학과

21

기술에 의해 인류에게 주어진 급격하게 증가한 힘은 심각한 파괴와 재앙을 야기할 수 있으며, 현대 문명을 파괴할 수도 있다. 더 나아가 아주 용이하게 인류를 박멸할 수도 있다.

3.3 과학과 기술이 아니라, 우리의 선택과 우리의 잘못이 인류의 존속을 위험하게 한다. 인류가 야기할 수 있는 인류 멸종 시나리오를 명확히 이해하고, 이를 방지할 수 있도록 노력하기를 진심으로 부탁한다.

- 소규모의 실험실에서 어떠한 항생제도 듣지 않고 공중으로 전파되는 치명적 바이러스를 합성[1]하는 것은 충분히 가능하다. 어머니 지구로부터 인류를 제거하는 것을 원하는 종말론적 종교 분파가 이 치명적 바이러스를 만드는 것을 상상해보라.
- 세상을 지배하고 인류를 멸종시키는 "초지능" 로봇[2]을 생산하는 것 또한 가능하다.
- 고에너지 수준의 입자 실험[3]은 지구를 파괴하는 연쇄반응을 야

---

1) 현재 생명과학기술은 유전자 하나 하나를 편집하여 완전히 새로운 생명체를 만들 수 있는 수준까지 올라갔다. 이의 대표적인 기술이 CRISPR로 그 접근성과 비용이 점차 낮아지고 있는 상황이다. 현재 가정집에서도 구비할 수 있는 소규모 실험실에서도 단순하기는 하나 유전자 편집이 가능하다.

2) 초지능이 21세기에 출현할 것이냐에 대해서는 비관적인 견해가 그 힘을 얻고 있다. 이는 아직 초지능을 가능하게 할 인공지능 알고리즘이 나오지 않은 것도 한 몫을 한다. 그러나 단순한 알고리즘으로 살인 로봇을 만드는 것은 지금도 가능하며, 인공지능에 의해 부의 심각한 양극화가 진행되는 것도 가능하며, 안면인식 등을 통해 심각한 정도의 통제국가가 출현하는 것도 가능하다.

3) 드로어 교수는 미니 블랙홀을 만드는 거대강입자가속기를 언급한 것이다. 이에 대해 논란이 있으나, 최근 물리학계는 미니 블랙홀이 생성된다 하더라도 호킹(Hawking) 복사에 의해 블랙홀의 에너지가 증발되어 그 지속시간이 매우 짧을 것으로 주장하고 있다.
현재 최신의 지식에 따르면 드로어 교수의 이 주장에는 오류가 있다고 생각할 수 있다. 그런데 드로어 교수는 항상 최신의 지식을 유지하고 비판적 사고를 할 것을 요구하고 있다. 지식은 변동함을 항상 기억해야 한다.

기할 수도 있다.

- 나노 로봇[4]이 통제를 벗어나서 모든 인간을 죽일 수도 있다.
- 우주의 거대한 운석[5]은 인류를 포함하여 지구의 거의 모든 생명체를 멸종시킬 수도 있다.
- 핵 전쟁은 지구를 인류가 살 수 없는 공간으로 만들 수도 있다.[6]

3.4 여러분의 임무는 인류 스스로가 야기한 대재앙과 다수가 고통을 겪게 될 비극을 방지하는 데 있다. 설혹 그 비극이 인류 전체의 생존을 위협하는 데까지 이르지 않다 하더라도 이를 방지해야 함은 당연하다. 인류의 멸종에까지 이르지는 않으나, 인류의 다수가 고통을 받을 수 있는 시나리오를 제시하면 다음과 같다.

- 2015년 UN이 예견했듯이, 2100년 전 지구의 인구는 110억 명에 달할 것이다. 이때 인류의 생존에 필수 불가결한 자원이 부족할 수 있다.

---

4) 현재 나노 로봇의 실현은 아직은 요원하다. 바이러스의 구동부를 이용하여 나노 로봇을 만드는 것이 연구되고 있는 상황이다. 그러나 50년 혹은 100년 이내에 나노 로봇이 현실화될 것으로 예상하는 것은 합리적이다. 수억 개의 나노 로봇 중 하나가 생명체의 복잡계 내에서 돌연변이를 일으키고, 스스로를 복제할 가능성은 없지 않다.

5) 미국은 일정한 크기 이상의 운석을 실시간 모니터링하고 있기는 하나, 이들 운석이 지구를 향한다면 현재로서는 이에 대한 대응 방법이 없다. 앞으로 대응방법을 개발될 것이나 이는 인류 차원, 즉, 인류지도자의 주도하에 진행되어야 할지도 모른다.

6) 이 이외에도 다양한 지구 멸망 시나리오 혹은 인류에게 대재앙을 야기할 수 있는 사건은 매우 다양하다. 대표적인 것은 기후 온난화이다. 기후 온난화로 영구 동토층에 얼려 있던 메탄 가스가 공기 중에 녹으면 기후 온난화는 악순환에 돌입할 것이다. 메탄 가스는 이산화탄소에 비해 온실효과가 21배 높다. 기후 온난화의 악순환에 돌입하면, 인류가 통제할 수 없는 지경에 이른다. 급격한 기후 온난화로 인해 사막지역이 확대되고 농업은 피폐하게 할 것이다. 많은 인류는 굶주림을 겪을 수밖에 없다. 또 다른 시나리오는 영구 동토층에 숨어 있던 슈퍼 박테리아나 슈퍼 바이러스가 출현할 수 있다.

- 분자 엔지니어링은 부족한 자원에 대해 대체물질을 만들 수도 있다. 그러나 이 기술은 일정한 위험을 내재하고 있다. 분자 엔지니어링은 연금술의 꿈을 실현할 수 있다. 예를 들어, 석탄으로 높은 품질의 큰 다이아몬드를 만들 수 있다. 이 인조 다이아몬드는 천연 다이아몬드와 구분이 되지 않을 수도 있다. 납과 같이 값싼 금속을 금으로 바꿀 수 있다. 그럴 경우 사회경제 시스템의 붕괴가 뒤따라올 것은 자명하다.

- 로봇 기술의 발전에 따라 대규모의 실업이 야기될 것으로 전망된다. 이때 다수의 사무직 일자리가 사라질 것으로 예상된다. 자동화된 로봇 기술을 잘 이용하는 경우 인류에게 축복이 될 것이나, 그렇지 않은 경우 사회적 혼란을 야기할 정도로 파괴적이고, 심각한 경우 유혈충돌까지 야기할 것이다.

- 인류가 야기한 기후변화는 국가간 혹은 문명간 재앙적 충돌을 야기할 것이다. 이에 더해 전염병과 식량 부족은 인류의 10% 이상을 죽음으로 내몰 것이다.

3.5 생물학적 불평등[7]으로 인해 사회경제적인 불평등이 수용 가능한 선을 넘게 될 수 있다. 유전자 편집으로 인위적으로 인간의 능력을 증강시키는 것은 매우 복잡하면서도, 폭발적인 문제를 불러올 수 있다. 예를 들어, 기대수명이 150세[8]로 늘

---

7) 현재도 인간 수정란의 유전자를 편집하여 열등 유전자를 제거하고 육체적으로나 정신적으로 건강하고 우수한 아이를 만들 수 있다. 2018년 말에 중국에서는 후천적으로 면역 결핍증에 걸리지 않을 아기가 출생했다. 이에 대해 전세계적인 비판이 있었고, 중국도 이에 대해 규제를 하기 시작했다. 현재로서는 유전자가 편집된 인간을 수용할 준비가 되어 있지 않아, 수정란에 대한 유전자 편집은 법으로 금지되어 있다. 그러나 누가 알겠는가? 조세 포탈을 위해 조세 피난처에 페이퍼 컴퍼니를 세우듯이, 유전자 편집을 위해 유전자 편집 피난처에서 혼인신고를 하는 날이 올지를.

8) 노화의 속도를 늦추는 노화억제제의 가격은 그리 비싸지 않을 것으로 예상된다. 노화억제제 후보군이 이미 흔하게 접할 수 있는 식품과 약품이기 때문이다. 그러나 노화한 세포를 다시 젊게 만드는 역노화 시술의 경우에 상당한 비용이 들

어나도 동시에 건강 수명도 극단적으로 증가하는 "연성 능력 향상"의 가능성이 매우 높다. 그런데 이의 시술 비용에 20여 억원이 든다면, 사회가 감당할 수 없을 정도의 불평등을 초래할 것이다. 그 결과 대규모의 혁명적 폭동이 일어날 것을 상상하는 것은 어렵지 않다. 인류의 역사는, 극단적 불평등이 존재하는 경우, 이를 평화롭게 그 불평등을 완화하는 것이 사실상 불가능함을 반복적으로 보여주었다.

3.6 앞으로 희망을 주면서도 동시에 우려스러운 것은 "포스트 휴먼", 인간 복제 및 "영생"9) 등을 가능하게 하는 "경성" 인간 능력 향상이다. 이는 사회적·경제적 붕괴를 야기할 뿐만 아니라, 종교에 대한 근본적 충격을 주며, 인간의 의미에 대한 분열적인 질문을 던진다. 이는 인류 역사에서 유례가 없었다. 그 결과 최소한 "생지옥"을 불러일으킬 정도의 대규모의 사회적 갈등을 야기할 것이고, 아마도 이로 인해 문명이 쇠퇴할 것이다.

3.7 앞에서 제기한 연성 혹은 경성 인간 능력 향상은 인류를 크게 번영하게 할 수도 있다. 즉, 인류는 호모 사피엔스에서 "호모 슈피리어(Homo Superior)"로 진화할 것이다. 그러나 이로 인

것으로 예상된다. 노화억제제는 현재 임상실험에 들어가 있고, 역노화 시술은 2027년경에 사람을 대상으로 실험에 들어갈 수 있을 것으로 주장되고 있다. 역노화 기술로 인한 사회적 불평등도 문제가 되나, 기대수명과 기대여명의 증가에 따른 사회구조의 변화에 대해서도 적극적인 정책적 대응과 준비가 필요하다.

9) 「호모 데우스」의 저자인 유발하라리는 인류는 불가피하게 영생을 지향할 것으로 보았다. 현재 다수의 과학자는 노화를 자연적 과정이 아닌 질병으로 재정의하고자 한다. 인류의 극단적 수명연장은 불가능하지 않으며, 이는 인류가 사실상 영생할 수 있음을 의미한다. 다만 일부 의견은 인류의 극단적 수명연장에 더 많은 시간이 필요할 것으로 전망하기도 한다.

한 인류의 종말과 대재앙을 회피하고, 이를 선용하도록 유도하는 것이, 인류지도자의 프로메테우스적 사명의 핵심이다.

3.8 이번 장의 비망록을 요약하면 다음과 같다. 인류 재발달세는 인류의 힘이 급증하여 지구의 형태를 바꾸고, 인류를 재창조하며, 아마도 호모 슈피리어로 진화할 것이다. 또한 인간이 아닌 초지능적 존재를 만들어 낼 것이다. 이러한 힘은 대재앙을 야기할 수도 있고, 심지어는 인류의 소멸까지 가능하게 할 수도 있다. 이와는 반대로 이들 힘은 인류를 상상할 수 없을 정도로 번영하게 할 수도 있다. 인류의 자기 파괴를 예방하고 위험을 줄이며, 인류의 번영을 유도하는 것이 인류지도자의 프레메테우스적 사명이다.

3.9 이 장과 이 비망록 전체에 걸쳐서 제시된 위험과 대재앙의 현실화 가능성에 대해서 대부분의 인류와 거의 모든 정치지도자가 염두에 두고 있지 않음을 주의해야 한다. 그러나 인류지도자가 될 여러분은, 대부분의 사람에게는 불가능하게 여겨지거나 혹은 생각하지도 않은 일이 그리 멀지 않은 미래에 높은 가능성을 가지고 실제 일어날 수 있음을 알아야 한다. 여러분은 이를 예견하고, 숙고하고, 준비해야 한다.

04

4.1   인류 재발달세는 진화적 과정에 대한 일련의 철학적 질문을
제기한다. 인류가 스스로의 존재를 소멸시키고, 이를 대가로
하여 호모 사피엔스가 호모 슈피리어나 혹은 영적 기계에 의
해 대체되는 미래는 이미 결정되어 있는가? 인류가 활용할 수
있는 힘의 급진적 증가는 비결정적이며 무작위의 결과인가? 인
류 재발달세의 과정은 우리 인류의 선택이나 혹은 인류의 내
재적 역동성의 결과인가? 인류는, 예를 들어 영적 문명1)으로
전환하여, 다소 안정적인 "역사의 종말(end of the history)"2)을
지향하며 진화하고 있는가? 기술 문명을 파괴하고 이를 재건
설하는 반복적 순환이 존재하는가? 인간의 마음으로는 인지
할 수 없는 무엇인가가 도래하고 있는가?

4.2   앞에서 제기한 질문에 대한 답으로서의 미래와 그 이외의 다
양한 대안 미래가 모두 가능하다. 현재 결정된 미래란 없다.

---

1) 영적 문명에 대해서는 공허하거나 공상적이라는 비판이 있을 수 있다. 그러나
클레이 그레이브스(Clare Graves)의 발달심리학은 영적 문명의 가능성을 제시
한다. 여기서 영적 문명이란 특정한 종교 문명이 아니라, 인류가 상호 존중하고
배려하는 사회를 의미한다.

2) 여기서 역사의 종말은 프란시스 후쿠야마의 1992년 책인 "역사의 종언(The
End Of History And The Last Man)"을 생각하게 한다. 드로어 교수의 역사의
종언은 인류의 종말이 아니라 영적 문명을 최종적 발달 체계로 본 것이다.

대신, 인류 재발달세는 혁명적 변혁기이다. 이 기간 동안 인류는 인류에 부분적 영향만 미칠 수도 있고, 혹은 인류 전체를 재형성할 수 있다. 그런데 우리는 우리가 미래에 영향을 미칠 수 있는지에 대해 확신할 수 없을 수도 있다.[3] 더 나은 미래를 만들기 위한 우리 스스로의 노력을 최대한도로 이끌어 내기 위해서는, "우리가 미래를 만들 수 있다"는 확신을 가질 필요가 있다. 그러한 노력을 통해서, 인류지도자는 이 비망록의 핵심으로 제시한 중요한 역할을 수행할 수 있다.

4.3 인류는 진화과정에 있어서 탈출할 수 없는 덫에 빠져 있는 것 같다. 이 덫은 인류에게 그 종의 미래를 결정할 수 있는 힘을 주었다. 그러나 이 힘을 제대로 이용할 줄 아는 지혜가 없다면, 인류는 스스로를 소멸시킬 가능성이 크다. 그것도 매우 높은 확률과 가까운 시일 내에 그렇게 될 수 있다.

4.4 그러나 이와 반대 되는 시각이 널리 받아들여지고 있는 것이 현실이다. 더구나 미래를 직시하여 인류를 보다 나은 미래로 이끌어야 할 정치인 또한 반대의 시각을 가지고 있는 경우가 드물지 않다. 그러한 잘못된 시각은 역사의 "간교함", 인간의 타고난 선함과 자유시장 경제시스템이 전세계에 수용된 것에

---

3) 미래는 가능성으로 가득 찬 공간이나 그 미래를 우리가 만들 수 있는지를 확신하는 것은 쉽지 않다. 그러한 회의적 태도가 우리의 현실뿐만 아니라 미래 또한 어둡게 만든다. 네덜란드의 미래연구자인 고(故) 프레드 폴락(Fred Polak)은 "미래의 이미지"에서 미래에 대해 긍정적 이미지를 가진 나라가 긍정적 역사를 만들어 낸다는 것을 실증적으로 밝혔다. 역사를 분석한 결과 역사의 변환은 작은 그룹의 선각자에서 시작한다. 조선의 태동은 정도전에게 있었고, 아테네의 민주주의는 솔론(Solon)으로부터 시작했다. 미래예측이란 정해진 미래를 예측하는 것이 아니라, 바람직한 미래를 만들어 가는 것이다. 정책학이 인간존엄성을 지향하기 위해 미래를 대상으로 대안을 수립하는 것도 미래를 만들 수 있기 때문이다.

근거를 두고 있다. 그러나 반대되는 시각은 상상의 산물에 불과하며, 역사가 주는 교훈과 진화과정에서 각인된 인간의 성향과 현대의 제도와 모순된다. 인류지도자인 여러분은 환각에서 벗어나, "역사의 올바른 측면"을 믿어야 한다.

4.5 프레데릭 브라운(Frederic Brown)의 단편 공상과학 소설인 "무기"는 앞에서 제기한 문제를 담백하게 묘사했다. 인류를 멸종시킬 수 있는 최종 무기를 개발하고 있는 과학자에게 방문객이 찾아왔다. 그는 과학자에게 그 무기가 인류를 위험하게 할 수 있으므로 그 개발을 중단할 것을 설득했으나, 그 과학자는 듣지 않았다. 과학자가 손님에게 물을 가져다 주려고 부엌에 다녀와 보니, 그 손님은 이미 가고 없었다. 과학자는 정신지체아 아들이 그 손님에게 장전된 권총을 받은 것을 알게 되었다. 이에 과학자는 아들 손에서 권총을 빼앗고 "미친 놈만이 바보에게 장전된 무기를 줄 수 있지"라고 생각을 했다.

4.6 그렇다면 인류는 바보인가? 이 질문에 대한 필자의 답은 "그렇다. 그러나 완전히 바보는 아니다"라는 것이다. 대부분의 정치지도자는 바보인가라고 필자에게 묻는다면, 필자의 답은 다음과 같다. "정치지도자는 확실히 바보는 아니다. 그러나 대부분의 정치인은 추구해야 하는 가치관에 대한 일관성이 결여되어 있거나, 미래에 대한 전망이 없고, 숙고 역량이 부족하다. 이외에도 그들 대부분은 인류가 빠져버린 진화의 덫에 대응하기 위해 필요한 정신적 자격과 역량이 부족하다."

4.7 나는 다양한 나라의 통치자들과 같이 연구와 작업을 한 개인적 경험을 지니고 있다. 필자의 개인적 경험과 역사적 연구

및 비교연구에 비추어 보았을 때, 데이비드 로스코프[4]의 정치인에 대한 간결한 평가에 전적으로 공감한다. "권력자의 위치에 있는 대부분의 정치인과 이들의 지지자는 불가피한 변화가 임박한 그 순간까지 그 변화를 수용하기를 회피하기 위해 과거에 집착한다." "그들이 올바른 질문을 하는 법이 없다. 그리고 그들은 올바른 질문이 무엇인지도 모른다."

4.8 로스코프의 정치인에 대한 평가는, 필자의 판단으로는 이미 입증된 것으로, 우리를 걱정하게 만든다. 인류와 인류의 현대 정치지도자의 유형은, 과학과 기술의 급진적 발달에 따른 인류의 힘을 그들이 제대로 통제하고 관리할 수 있을지에 대해 상당한 의구심을 들게 한다. 또한 우리가 인지하고 있는 인류 개인의 성향과 인류의 집단적 성향 및 정치지도자의 리더십에 대해서는 걱정이 된다. 인류가 번영하기 위해서, 혹은 최소한이라도 살아남기 위해서, 정치지도자를 포함한 지도자는 그 소양을 근본적으로 개선시켜서, 궁극적으로는 인류지도자가 되어야 한다.

4.9 인류지도자로서 여러분의 가장 중요한 사명은 인류의 생존을 보장하는 것이다. 인류의 행복, 정의, 예술적 성취, 물질적 풍요 등도 중요하기는 하다. 그러나 이는 인류가 생존한 이후의 일이다. 미래 세대는 현재의 인류를 대체하고 보다 탁월한 인류가 되는 것으로 결정할 수도 있다. 그러나 이는 매우 먼 미래에 가능한 것으로, 아직은 상상 속에 남겨 두는 것이 좋다.

4.10 인류의 지속적 생존이 최우선순위가 되어야 한다. 그런데 현

---

4) Daivid Rothkopf. 2017. Great Questions of Tomorrow. pp. 51－52

실은 이와 반대로, 인류의 지속적 생존의 화두가 정치권과 공공의 핵심 안건으로 등장하고 있지 못하다. 세계 핵전쟁에 대해서는 원자 과학회 회보의 운명의 날 시계5)와 같이 일정 부분 공공의 관심을 받고 있는 경우도 있다. 기후 변화는 많은 사람들이 관심을 가지고 있으나, 정작 실천적 대응은 많지 않다. 전통적인 테러리즘에 대해서는 낡아버린 대응방안이 폭넓게 논의 되고 있다. 그러나 인류에 대한 가장 운명적 위험은 강의 과목에 포함되어 있지도 않으며, 정치적 안건조차 되지 못하고 있는 것이 현실이다.6)

4.11 2016년 발표된 지속발전가능목표(SDGs)7)는 등한시된 위험을 잘 반영하고 있다. 지속발전가능목표에 제시된 17개 목표는 인류의 번영을 증진시키기 위한 것으로, 중요하며 존중 받아야 한다. 그러나 필자의 견해로는 이들 목표가 인류의 생존을 암묵적이든 혹은 실수이든 이미 보장받은 것으로 간주함으로써, 지속발전가능목표의 중심에 놓지 않은 것은 매우 잘 못된 것이다.

4.12 국가적 관심사란 광의에 의하면 주의, 감정, 사고 및 열정을

---

5) 운명의 날 시계는 미국의 핵 과학자를 중심으로, 인류의 핵 위험을 경고하기 위해 미국 시카고 대학에서 인류의 종말 위험을 알려주기 위해 개발했다. 운명의 시계를 처음 발표한 1947년에 시계는 23시 53분을 가리켰고, 2017년에 23시 57분 30초였다.

6) 생명과학기술의 발전으로 인한 위험, 양극화의 심화, 인공지능으로 인한 실업, 운석으로 인한 위험 등에 대해서는 일부 과학자 그룹과 미래연구자 등이 논의하고 있고, 그 논의의 강도도 높아지고 있는 실정이다. 그러나 그 논의가 실천적 대안으로 구체화되는 데는 인류지도자의 도움이 필요하다.

7) UN은 2016년에 2030년까지 달성할 17개 지속발전가능목표(Sustainable Development Goals)를 제시했다. 17 목표에는 빈곤의 종말, 굶주림 제로, 건강과 웰빙, 양질의 교육, 양성 평등, 맑은 물과 위생 등이 포함되어 있다.

지속적으로 쏟는 것을 의미한다. 영국의 브렉시트(Brexit)가 한 예가 될 텐데, 국가적 관심사는 "국가 우선"과 같은 정치인의 선언으로 표현되었다. 그러한 국가 이기주의를 잘 표현하는 사례는 "글로벌 거버넌스"[8] 대신 "국제 조직"[9]이란 단어를 사용하는 것이다. 기후변화가 국가적 이익과 비교될 때, 기후변화와 관련된 정치 시스템은 인간존재의 나약함을 잘 드러낸다.

4.13 인류역사상 처음으로, 1942년 12월 2일 원자로가 가동되었을 때, 인류에 대한 위험은 명확하게 인지되었어야 했고, 이에 대한 대응 노력도 취해져야 했다. 원자로 개발의 가장 책임이 있는 과학자 중의 한 명인 레오 실라드(Leo Szilard)는 그 날을 인류 역사에서 암흑의 날이 될 것으로 생각했다. 원자력의 위험에 대해 충분히 인식하지 못했던 사람들도, 1945년 오전 5시 29분 45초 최초의 원자폭탄 실험인 "트리너티"의 섬광을 보는 순간 그 위험을 깨닫게 되었다.

4.14 핵융합과 핵폭탄을 개발한 과학자의 일부는 핵폭탄이 인류의 생존을 위험하게 할 것이라는 데 대해 인지하고 있었다(소수의 정치지도자도 핵폭탄이 인류의 생존을 위협한 것이라는 것을 인지했으나, 실천적인 움직임에까지 이르지는 못했다). 물리학자인 닐 보어는 후에 다음과 같이 공식적으로 표현하기도 했다. "인류

---

8) 글로벌 거버넌스란 세계적 협치에 의한 의사결정 체계로 여기서 결정된 것은 모든 국가가 준수해야 한다. 세계 정부가 단일한 정부인 데 반해 글로벌 거버넌스는 그렇지 않다는 점에서 이 둘 사이에는 차이가 있다.

9) 국제조직의 의사결정에 대해 각 국가는 주권을 가지고 거부할 수 있다. 이에 대해 국제적인 제재는 가해질 수 있지만 제한적이다. 특히 강대국이 국제조직의 의사결정을 거부하는 경우, 어떠한 제재도 없었음을 기억해야 한다.

문명에 대한 위협을 방지하려는 공동 노력의 필요성은 국제적 갈등을 극복할 수 있는 새로운 기회가 될 것이다." 그러나 닐 보어는 지나치게 낙관적이었다. 정치지도자와 인류 전체가 그 갈등을 극복하도록 하기 위해서는 그들과 우리 스스로에게 더 많은 것을 가르쳐야 한다.

4.15 원자폭탄의 개발에 참여한 수석 과학자 집단은 미국의 최상위 의사결정권자에게 그들의 깊은 고민을 담은 제언서를 제출했다. 그러나 정치에 있어서 순진한 과학자와 현실과는 동떨어진 이상주의자가 생각했던 것과는 달리, 이들의 제언은 단기적 목표에 의해 후순위로 밀려났다. 이는 현재의 정치지도자의 유형이 인류의 장기적 생존과 번영에 있어서는 무능력하다는 강력한 증거다. 당시의 그들은 핵폭탄이 여러 나라에서 개발되도록 함으로써 "핵에 의한 평화" 정책을 취했는데, 이들 정책을 포함하여 핵폭탄의 위험에 대해 잘못 대응했다.

4.16 이른바 "과학공화국"은 과학기술이 지켜야 하는 의무를 게을리 한 데 대해서 책임이 있다. 현재 과학기술은 인류에게 매우 위험한 힘을 부여하는데, 그 발전 속도가 가속화하고 있다. 예를 들어 작은 실험실에서 바이러스를 돌연변이 시킬 수 있는 기술은 그 사용에 있어서 어떠한 국제적 통제도 받지 않고 있다. 프란시스 베이컨이, "아는 것은 힘이다"라고 천명할 당시에도 과학기술 지식에 대해서 상당한 경계심을 보였다. 그는 유토피아를 그린 소설 "새로운 아틀란티스"(1627)에서 다음과 같은 글을 적었다.

"… 우리가 만든 발명과 겪어온 경험 중에 어떤 것을 책으로 출간할 것인지, 혹은 비밀로 유지할 것인지에 대해 상담을 받아야 한다. 만약 그 발명과 경험에 비밀을 유지하는 것이 필요하다고 판단된다면, 비밀을 지키기 위해 맹세를 해야 한다. 그리고 필요하다면 국가에 대해서도 비밀을 유지해야 한다."

4.17 과학기술의 역할과 그 지식의 중요성을 감안할 때, 선택된 과학자와 인류지도자만이 위험한 지식을 생산하고 이용하는 것에 대해 결정권을 가지도록 해야 한다. 과학자에 대해서는 지역적으로 그리고 전세계적으로 정치체계와 글로벌 거버넌스를 향상시키기 위해 더 많은 것이 요구된다. 이에 대해서는 20장과 21장에서 논의하겠다.

05

5.1 실존주의 철학의 핵심 사고는 개인은 언제든 무엇을 해야 하
는지에 대한 일정한 선택권을 가지고 있으며, 그 개인은 선택
에 대한 책임이 있고, 그 결과를 기꺼이 수용해야 한다는 것
이다. 실존주의 철학을 생물종으로서의 인류에게 적용한다면,
인류 재발달세 이전까지 인류 행동의 자유는 제한적이었으
며, 이에 따른 책임도 제한적이었다. 그러나 인류가 다양한
미래의 가능성 중에 하나를 선택할 수 있음에 따라 상황이
완전히 달라졌다.

5.2 인류의 미래에 대한 선택 방식은 두 가지 가설을 세울 수 있
다. 하나는 민주적 방식이다. 인류의 미래에 대한 선택은 전
지구적 투표, 일종의 대의민주주의 혹은 전지구상에 생존한
모든 성인에 의해 이루어질 수 있다. 나머지 하나는 특정한
통치자나 정부가 민주주의적 의견 수렴 없이 진행하는 것이
다. 세계 통치자 혹은 토마스 홉스에 의해 제시된 개념과 일
치하면서 다소 약화된 "글로벌 리바이어던"과 같은 독재적
세계정부[1]가 현재 생존한 수십억 인류의 희망에 대한 진지한
고려 없이 인류 종의 미래에 영향을 미치는 결정을 하고, 이

---

1) 중국 당국이나 미국을 생각해보라.

를 적용하는 것을 생각해 볼 수 있다.

5.3 대다수의 인류는 인류 재발달세에 인류에게 제기된 매우 복잡한 도덕적 기술적 선택을 내릴 만한 지식을 가지고 있지 않다. 그리고 또한 글로벌 리바이어던의 경우, 그 힘이 효과적으로 억제되어 있다 하더라도 위험한 존재이다. 또한 정상적 상황하에서 출현하는 것도 불가능하다. 그러나 다수의 심각한 재앙이 발생하여 세계적 위기가 출현한다면, 소수의 주요 국가나 조직에 기반을 둔 글로벌 리바이어던과 유사한 글로벌 거버넌스의 출현이 필요할 것이다.

5.4 사회 지도자, 뛰어난 기업가, 선택된 과학자와 기술자, 정신 철학 사상가, 활동적 예술가와 인류지도자가 함께 모여 인류의 미래를 지도하기 위해 조직을 구성하는 것이 가장 좋다고 판단한다. 이들이 만든 조직은 인류가 직면하게 될 중요한 문제점을 합의에 의해 도출할 수 있다. 또한 새로운 글로벌 거버넌스가 적절한 활동을 하기 위해 광범위한 지원을 이끌어 낼 것이다.

5.5 장기적으로 보면, 운명적 선택에 대응하기 위해서는, "우리"라는 공유된 느낌에 기반한 집단적 행위자로서의 인류를 강조하고 강화하는 것이 필요하다. 그러나 그러한 단계까지 도달하기 위해서는, 인류가 지역적 국가주의와 민족주의[2]와 같은 부족주의가 최종적으로 재앙으로 귀결되고, 모든 인류가 "점

---

2) 민족주의는 다양한 모습을 지닌다. 한국사회를 포함한 제3세계에서 민족주의는 반제국주의의 성격을 지닌다. 스스로의 것을 스스로가 결정하겠다는 민주주의와 제3세계의 민족주의는 연결되어 있다. 그러나 제3세계의 민족주의도 제국주의의 인종적 민족주의로 쉽게 변질될 우려가 있다. 따라서 한국의 인류지도자는 이를 이해하고 조심스럽게 접근해야 한다.

점 가라앉고 있는 하나의 보트"에 타고 있다는 것을 배울 때까지 기다려야 할 수도 있다.

5.6   미래에 영향을 미치는 모든 선택은, 미래 세대[3])에게 어떠한 의견도 듣지 않고, 현재 살아 있는 사람에 의해서만 이루어진다. 따라서 가장 민주적으로 결정된 선택조차도 진정한 의미에서 "참여적"이 될 수 없다. 미래 세대가 원하는 것을 추측하기 위한 어떠한 시도도 조악한 짐작에 불과하게 된다. 미래세대에 영향을 미치는 "민주적 선택"이란 존재할 수 없으며, 따라서 그러한 선택을 내릴 수 있고, 그 선택의 결과를 감내해야 하는 사람에게 그 권한을 부여해야 한다는 논리적 결론에 도달한다.

5.7   인류지도자로서의 여러분이 미래세대에 큰 영향을 미치는 선택을 해야 하고, 이에 대해 마땅한 이유를 가지고 있다 하더라도, 여러분은 이에 대해 어떠한 권리도 가지고 있지 않음을 명료하게 알고 있어야 한다. 이는 미래세대에 영향을 미칠 합법적 권리에 대한 문제로 매우 중요하다. 이 비망록의 끝에서 다시 다루도록 하겠다.

5.8   미래에 영향을 미치는 선택에 대해 미래세대의 동의를 얻지 못했다는 사실은 인류지도자를 비롯하여, 모든 정치지도자와 미래에 영향을 끼치는 사람은 최선의 결정을 내릴 수 있도록

---

3) 미래세대는 아직 태어나지 않은 미래세대와 투표권이 없어서 정치적 의사표현을 하지 않는 미래세대를 포함할 수 있다. 화석연료의 개발과 사용, 토지의 개발 등은 미래세대를 고려하고 결정해야 하나, 적어도 한국사회에서는 이를 법률적으로 제도적으로 반영할 수 있는 틀이 부족하다. 한국의 미래연구자는 미래세대를 항상 염두에 두어야 한다. 한국사회에서 미래세대에 대해 체계적으로 연구한 학자는 KAIST의 서용석 교수이다.

할 수 있는 모든 노력을 다할 것을 요구한다. 이때에 우리는 도덕적이어야 하며, 지적 역량에 기반해야 하고 인류의 장기적 진화를 숙고해야 한다(이 비망록에서 내가 "생각"이라는 단어 대신 보다 넓은 의미를 지니는 "숙고"를 사용하는 것을 주의해주기 바란다. 숙고는 의식적 사고와 무의식적 정신적 과정을 포괄한다. 무의식적 정신적 과정은 직관, 창의성, 영감, 상상력 등을 의미한다).

6.1   정치지도자가 인류의 미래에 대한 결정을 내리는 것이 일반적
이다. 그러나 세계화와 인터넷으로 인한 현실을 감안하면, 거
대한 글로벌 기업의 임원, 파괴적 혁신을 만들어내는 과학자
와 기술자, 소수의 유명인 및 사회문화적 지도자가 시민을 대
표하는 정치지도자보다 더 큰 영향력을 행사하는 경우가 드
물지 않게 되었다. 따라서 인터넷 혁명과 과학적·기술적 변
혁은 시민의 대표인 정치인보다 글로벌 기업의 임원 등을 추
종하도록 했다. 이와 유사하게 테러리즘과 기타 다른 유형의
폭력도 정치체계에 영향을 미쳐서, 클라우슈비츠의 전쟁에
대한 격언과 같이, 정치와 정책의 지속이 잘못되어가게 하고
있다. 대신 정치는 성공 없는 사이버 공격과 같은 다양한 유
형의 "전쟁"을 따라잡기 위한 노력하고 있다.

6.2   칼 맑스나 지그문트 프로이드와 같이 패러다임을 전환했던 사
상가는 다른 어떤 정치지도자보다 세상을 크게 변화시켰다.
해리엇 비처 스토(Harriet Beecher Stowe)의 「톰 아저씨의 오두
막」과 레이첼 칼슨(Rachel Carlson)의 「침묵하는 봄」과 같은
책은-프로테스탄트의 종교개혁 및 마틴 루터에 대한 책도
포함하여-어떤 정치인보다 공공의 가치와 정치에 대해서 의

미 있는 영향을 미쳤다. 따라서 인류에게 위험이 되는 내용을 지닌 책 등에 대해서는 공중에게 배포되는 것이 불가피하게 제한되어야 하나, 근본적으로 사상과 문화의 전파는 보장되어야 한다. 이에 대한 보장이 없다면 문화는 사라질 것이며, 자유는 지구상에서 사라져 버릴 것이다.

6.3 그러나 인류 재발달세에 들어서서, 지구와 인류 스스로를 재구성할 수 있는 힘의 사용은 성찰적 고민과 이에 따른 개입이 강력하게 요구된다. 이러한 개입은 인류의 미래 진화와 관련이 있다. 그러한 힘의 사용에 대한 선택은 시장, 과학자와 기술자, 자유로운 사상가, 사회 운동 및 종교인 등의 권한을 넘어선다. 이들 선택이 통제 받지 않고, 그냥 역사의 흐름에 맡기게 된다면, 재앙으로 귀결될 것이 틀림없다.

6.4 다양한 사람이 인류의 발달과 진화에 중요한 역할을 계속해서 수행할 것이고, 또한 해야 한다. 그 중에 과학자와 같은 부류의 사람들이 과거보다 더 중요한 역할을 할 것이다. 그러나 인류의 최종 운명적 선택은 정치 지도자에 의해 수행되어야 한다. 아니면 적어도 정치지도자가 이에 대해 수용 혹은 거부 권한을 가지고 있어야 한다. 이러한 요구사항은 정치를 인류가 만든 모든 유형의 제도, 절차 및 직업 중에서 가장 중요한 것으로 만든다. 따라서 정치의 질을 개선하고 핵심 정치 지도자를 만드는 것이 최우선순위가 된다.

6.5 다음의 세 가지가 상기한 결론의 근거가 된다. 첫째, "정치인"이란 사전적 정의에 따르면, 선출되거나 지명되거나 혹은 합법적 권한을 가지게 된, 해당 사회를 위해 혹은 대신하여 의사결정을 내릴 수 있는 권한을 부여받은 사람이다. 둘째, 종

교지도자를 포함한 기타 영적 지도자는 그들의 추종자에 의해 가장 고귀한 의사결정권자로 받아들여질 수 있다. 그러나 정치인만이 사회나 전체로서의 인류의 미래에 대한 결정권한을 명시적으로 혹은 묵시적으로 책임지고 있다. 마지막으로, 흔하지 않은 경우이긴 한데, 정치인은 독점적 입법권을 가지고 있으며, 필요에 따라 대량의 폭력을 행사하는 데 배타적 권한을 가진 경우도 있다.

6.6 이를 보다 명확하게 하기 위해, 철학자가 통치자로 봉사해야 한다는 플라톤의 「국가」에서의 제언을 살펴보자. 인류지도자의 장점과 중요성을 고려할 때, 내재적 모순이 존재한다. 철학자가 통치자로 봉사한다 함은, 선출되거나 상속되거나 혹은 간부회의에서 지명되는 것이 아니라, 그 장점에 따라 선정되는 방식으로, "정치인"이 된다는 것을 의미한다.

6.7 모든 중요한 의사결정이 국민투표나 작은 규모의 집단의 합의에 의해 결정되거나, 혹은 집단적 선택이 무정부주의에 대한 선호로 폐지된다면, "정치"는 사라지게 될 것이다. 이러한 일은 인류가 채집경제와 원시적 농경사회로 되돌아간다면, 가능할 수도 있다. 또는 만약 인류가 자급자족하고 자율적이면서 소규모의 고도 기술 도시[4])에 산다면 "정치"가 사라지는

---

4) 우리나라 도시화는 국토교통부에 따르면 90% 이상 진행되었다. 중국과 아프리카 등은 도시화가 급속도로 진행 중이다. 교통, 건강, 에너지 및 생산을 스마트화하는 도시는 새로운 대안이 될 수 있다. 자율주행자동차, 가상현실 기술, 고속 스마트 교통망 등은 도시를 수직적으로 높이지 않고 수평적으로 확대할 수 있다. 이 스마트 도시는 그 규모는 중간 정도이며 에너지 소비와 쓰레기 배출은 0이 되고, 실시간 예방의학 체계 등을 구축하게 될 것이다. 이러한 스마트 도시의 구축과 추진 그리고 모든 시민에게 열려있도록 하는 것은 인류지도자인 여러분에게 달려 있다.

것이 가능해질 수 있다. 이러한 미래는 가설적인 것으로 확정
된 것은 아니다. 다음의 결론은 당혹스러우나 불가피하다. 인
류 재발달세에 정치인은 제한적이기는 하나, 주요한 집단적
선택에 대한 책임을 져야 한다. 정치인은 인류의 미래 즉,
"존재할 것인가, 멸종할 것인가, 무엇이 될 것인가"(to be, not
to be, what to be)에 대한 운명적 선택에 대한 책임을 진다.

6.8 인류의 운명적 선택에 대해 정치지도자에게 의존하는 것은 축
하할 만한 일은 아니다. 인류의 역사기록은, 제1차 세계대전
의 발발에서 보여주듯이, 정치지도자의 피할 수 없는 판단오
류는 물론이고 다수의 위험한 행태 또한 보여주었다.

6.9 대부분의 현대 정치지도자에게 기후변화와 같은 중요한 지구
적 문제를 제대로 처리할 만한 역량이 없다는 것이 분명하다.
이들은 현재의 문제에만 집중하고, 미래에 대해서는 평가절
하한다. 그들은 민족이나 국가와 같은 부족적 충성심에 사로
잡혀 있으며, 과학과 기술의 급격한 발전에 의해 제기된 문제
를 제대로 이해하지 못한다. 그들은 이제는 그 유효성을 상실
한 가치와 목표 등을 재설정할 역량을 갖추고 있지 못하다.
또한 정치인들이 도덕적으로 부패하거나, 권력의 유지에 집
착하거나 혹은 본인과 가족을 부자로 만들기 위해 그들의 권
력을 악용하는 데는 탁월하나, 중요한 문제를 제대로 다루지
못하는 경우가 아주 많다.

6.10 그러나 희망이 완전히 사라진 것은 아니다. 정치지도자의 부
적절한 행태 대부분의 원인은 이들의 활동에 대한 제약 때문
이다. 연합정부, 지나친 사법부의 개입, 대중언론의 압력, 대
중 심리, 확장하는 소셜 네트워크 및 효과적 글로벌 거버넌스

의 부재, 어떤 정치지도자도 통제할 수 없는 세계적 이슈 등이 그 제약의 대표적 사례에 해당한다. 이러한 일련의 제약은 헌법개정을 통해서 완화될 수 있으나, 헌법개정은 미래의 과거인 현재(the past of the future)가 위기로 인해 뒤흔들릴 때만 가능하다.

6.11 최근까지 탁월한 활동을 했거나, 지금까지 활동적인 정치 및 학계의 지도자가 여전히 존재한다는 것은 희망이 있다는 의미다. 그 숫자가 적기는 하나, 그러한 지도자를 요구하는 것이 공상적이지 않다. 그들이 적합한 지위에 있고, 적절한 권한을 가지고 있다면, 다음에 나열하는 지도자와 같은 사람들은 인류가 직면한 운명적 문제에 제대로 대응할 수 있을 것이다.

콘라드 아데나와(Konrad Adenauer), 에후드 버락(Ehud Barak), 닐 보어(Niel Bohr), 덩샤오핑(Deng Xiaoping), 리카도 디에 호 클라이트너(Ricardo Díez-Hochleitner), 빌 게이츠(Bill Gates), 미하일 고르바쵸프(Mikhail Gorbachev), 앨 고어(Al Gore), 다악 함마횔드(Dag Hammarskjöld), 헨리 키신저(Henry Kissinger), 블라드미르 레닌(Vladimir Lenin), 넬슨 만델라(Nelson Mandela), 안젤라 메르켈(Angela Merkel), 쟝 모네(Jean Monnet), 알바 미달과 군나 미달 부부(Alva and Gunnar Myrdal), 자와할랄 네루(Jawaharlal Nehru), 버락 오바마(Barack Obama), 리오 실라드(Leo Szilard), 저스틴 트루두(Justin Trudeau) 및 리콴유(Lee Kuan Yew).[5]

---

5) 이들 인물에 여러분의 개인적 평가는 나중으로 미루자. 일단 받아들이고 드로어 교수가 왜 이들을 나열했는지는 따로 고민해 보자.

6.12 위에 나열한 지도자 사례는, 비록 최고의 "인류지도자"라 하더라도 인류의 자기파괴를 방지할 수 있느냐에 대해 확신할 수는 없지만, 인류지도자가 되는 것이 인간의 한계를 벗어난 것이 아님을 보여준다. 그리고 인류지도자에 의해 최선의 선택이 내려진다 하더라도, 인류 재발달세로 나아가기 위해서는 우리 인류에게 일정한 고통이 수반될 수밖에 없다. 그리고 사실상 인류의 욕망, 행태, 가치, 제도 및 리더십에 필요한 평화를 가져오기 위해서는 그러한 고통이 필요할 수도 있다.

6.13 스스로를 바보로 만들지 말라. 누구나 탁월한 지도자가 될 수 있다고 약속하는 자기개발서는 엉터리에 불과하다. 인류의 미래에 대해 올바른 선택을 내릴 수 있는 인류지도자가 될 가능성은 소수만이 가지고 있을 가능성이 크다. 그들의 잠재력을 실천할 수 있는 기회를 얻고, 그 역량과 자질을 개발하기 위해 노력하는 사람만이 인류지도자가 될 수 있기 때문이다.

6.14 인류지도자의 프레메테우스적 사명이 인류지도자에게 요구되는 자격요건에 대해서는, 인류정책[6](人類政策)의 원칙(치국책의 의미와 비교하자면 인류 전체에 적용되는 의미)으로 구체화될 때까지 기다려야 한다. 이 원칙으로부터, 인류지도자의 정신적 핵심 요건이 도출될 것이다. 그러나 인류지도자에 대한 생각을 더 이상 공허하게 남겨두지 않고, 이 비망록의 이후 부분에서 정교화하고 그 타당성을 입증하기 위해, 이 장에서 일부 자격요건을 제시하겠다.

---

[6] 인류정책은 드로어 교수가 만든 용어이다. 인류를 위한 정책으로 번역이 가능하다. 정책이 국가단위 국가경영에 대한 계획이라면, 인류정책은 인류 전체를 대상으로 하는 정책이다.

자격요건 1: 인류 스스로부터 인류를 구원하기 위해서, 많은 인류지도자가 필요하다. 그러나 기업 소유자와 같은 사적 분야에서 권력을 지닌 사람이나 공공 분야에서의 최고 의사결정권자는 인류의 장기적 존속과 번영을 위해, 어떤 선택을 할 때마다, 인류의 생존을 위한 요구사항을 숙고해야 할 도덕적 의무를 가진다.

자격요건 2: "인류정책"을 위한 정책과 전략을 개발하고 적용함으로써 인류로부터 인류를 구원하기 위한 프로메테우스적 사명을 완수하기 위해서, 인류지도자는 강력한 추진력이 필요하다. 프로메테우스적 사명을 완수하기 위한 급진적 혁신은 강경한 반대와 완고한 저항을 불러올 것임을 기대하는 것이 합리적이다(프란치스코 교황[7]이 이단확산으로 비난받은 것은 하나의 예가 될 것이다).

자격요건 3: 인류지도자는 플라톤이 이야기하는 철인통치자가 아니며, 유교의 성인도 아니다. 다만 내적인 견제와 균형은 반드시 필요하다.

자격요건 4: 일부 글로벌 거버넌스 조직을 예외로 하고, 인류지도자를 포함한 정치지도자가 합법적으로 부여받은 권한은, 그들의 정치적 관심사를 다루는 것이지, 인류의 미래를 다루는 것이 아니다. 따라서, 인류지도자는, '인류의 긴박한 필요성'이라는 도

---

7) 프란치스코 교황은 266대 교황으로, 2018년 1월 현 로마 교황에 재임하고 있다. 사회적 소수자에 대한 관심과 관용을 촉구하고 다양한 문화적 사회적 배경과 신앙 및 신념을 가진 사람 사이에서 소통이 가능하도록 대화를 강조하고 이에 헌신적 노력을 하는 것으로 알려져 있다. 특히 동성애자를 반대하면서, 동성애자에 대한 사회적 차별을 반대했다.
2017년 8월 11일 보수적 카톨릭의 학자와 성직자 60여 명이 프란치스코 교황을 이단을 확산시키는 데 대해 책임이 있다는 편지를 썼다. 프란치스코 교황은 이혼 후 재혼자들도 영성체를 받을 수 있는 가능성을 열어준다고 해석했는데, 보수적 성직자과 학자는 이에 대하 공개적으로 반대하기도 했다.

덕적 근거에 기해, '자기 합법화'를 하는 것이 유일한 대안이다.

자격요건 5: 인류지도자가 되기 위해서는, 도덕적이며 지적인 장점을 지녀야 하고, 또한 리더십 역량을 가져야 하는 것이 반드시 필요하다.[8] 이를 통해 스스로를 인류의 지도자로 임명하는 것이 정당화되며, 다른 사람도 여러분이 인류지도자임을 인정할 수 있게 한다.

자격요건 6: 공식적인 정부의 고위 임명직, 혹은 선출직의 지위는 인류지도가 그들의 역할을 수행하는 데 필요한 권한을 줄 수 있다. 정교하고 신중하게 만들어진 대통령 제도는 다당제하의 의원내각제보다 훌륭할 수 있다. 의원내각제하의 불안정한 정당연합은 최악이 될 수도 있다.

자격요건 7: 헌법, 하위 법령 및 사법부는, 개인 및 단체의 불필요한 간섭을 막기 위해서, 인류지도자에게 필요한 권한과 재량권을 부여해야 한다. 이러한 본질적 요구사항을 만족시키기 위해서 헌법의 일부 개정, 사법부 개혁 및 입법의 혁신이 필요하다.

자격요건 8: 최종 결정권을 가진 글로벌 거버넌스와 같은 제도를 포함해서, 새로운 세계질서가 없다면, 아무리 탁월한 인류지도자라 하더라도 인류로부터 인류를 구원하는 프로메테우스적 사명을 완수할 수 없다.

결론: 인류지도자로서의 역량과 자질을 갖추고 최종 의사결정권을 가진 정치지도자는 인류로부터 인류를 구원하는 데 반드시 필요하다. 그리고 인류지도자가 프로메테우적 사명을 제대로

---

8) 드로어 교수는 그런 역량이 있어야만 인류지도자가 된다는 주장하는 것은 아니다. 우리가 그런 역량을 키우기 위해서 노력해야 함을 지적한 것이다. 또한 우리 인류가 그런 인류지도자를 조우하게 된다면 팔로우십(followship)을 보여주어야 함도 암시한다.

수행하기 위해서는 도덕적이며 지적 장점이 있는 것에 더해서, 필요한 권한, 전지구적인 사항에 대해 최종 의사결정을 내릴 수 있는 글로벌 거버넌스 조직 및 전세계인의 지지가 필요하다.

07

7.1 근본 규범은 인류지도자로서의 인류의 본성과 인류가 구성하고 승인하며 구현한 인류정책에 내재되어 있다. 그리스 철학자인 프로타고라스(Protagoras)는 '인간은 만물의 척도다'라는 말을 남겼다. 나는 이를 인류지도자와 인류정책을 위한 근본 규범을 다음과 같이 제시하고자 한다. 즉, '인류의 미래가 만물의 척도다.' 이를 재정의하면 다음과 같다. 인류의 장기 번영, 그리고 무엇보다도 우선하는 인류의 생존이 만물의 척도다.

7.2 여러분의 메타 윤리가 되는 종교나 기타 다른 근본 믿음에 따라, 여러분은 상기한 근본 규범에 다른 요소를 추가하고 싶을 수도 있다. '십계명', '다른 지적 동물에 대한 고통을 주는 것에 대한 금지' 및 '인간의 근본 권리' 등과 같은 것이 그 사례가 될 것이다. 그러나 나의 의견은 '인류의 미래가 만물의 척도다'라는 근본 규범에 다른 요소를 부가함으로써, 근본 규범의 의미를 흐릿하게 하지 말라는 것이다. 더구나 근본 규범과 상충하는 요소를 더하는 것은 엄격하게 금지되어야 한다.[1]

7.3 인류의 미래를 절대시하는 근본 규범은, 현재와 같이 인류 개

---

[1] 이에 대해서는 논란의 여지가 없지 않을 수 있다. 그러나 종교 지도자가 아닌 인류지도자라면 근본 규범에 대한 명확한 이해와 지향이 있어야 한다.

개인을 중시하는 것에서, 인류를 전체로서 중시하는 것으로 바뀌어야 함을 의미한다. 대부분의 경우, 이러한 변화는 본질적 차이를 만들지 않는다. 과거, 현재 및 미래에 '인류'란, 어떤 유기체적 의미 없이, 모든 개개의 인간을 포함하고 있기 때문이다. 또한, '인간'과 '인류'는, 하나이고 동일한 현상이나 다른 특징을 표현하는 용어(예를 들어 빛은 입자와 파동의 특징을 동시에 지니고 있다)인 양지 이론의 관점에서 상호보완적이다.

7.4 그러나 인간과 인류의 이해가 상충하는 경우가 많다. 예를 들어 현재의 개개인의 표준적인 삶을 유지하는 것과 인류의 장기 지속을 위한 필요한 자원의 보존과 같은 경우, 인간과 인류의 이해는 상충한다. 보다 극단적인 사례를 제시하자면, 인류의 미래를 확실히 보장하기 위해서, 불치의 고통스러운 질병에 대한 치료법을 개발할 수도 있으나, 그 기술은 종말론 광신자가 인류의 다수를 살상할 수 있는 바이러스를 합성하는 데도 이용될 수 있다. 그러한 경우 일정한 유형의 생명과학 연구를 금지하는 것이 필요할 수 있다.

7.5 인간의 욕망과 필요 및 인류의 장기적 생존 보장 간의 충돌을 고려한다면, 인류지도자인 여러분은 근본 규범을 기준으로 하여 인류의 장기적 생존 보장을 우선시해야 한다. 그러나, 현재 그리고 이곳에서의 구체적 개개인의 복리보다 추상적 인류의 모호한 미래에 대해 우선순위를 주는 것은 감정적으로도 그렇고 그리고 정치적으로 쉽지 않은 일임을 깨달아야 한다.

7.6 인류의 '생존'에 대해 가치의 우선순위를 두는 것은 보다 깊은 문제를 지니고 있다. 예를 들어, 인류의 장기적 생존을 보장

하는 유일한 방법이 대부분의 인류는 불행하나, 소수의 엘리트 그룹만이 번영하는 억압적 세계 독재를 허용하는 것이라면, 그러한 미래는 가치가 있을까? 이를 고려한다면, 근본 규범에 생존의 '가치'를 더함으로써, 근본 규범을 개정하는 것이 필요하다. 즉, 근본 규범은 '인류의 장기적 번영, 그리고 그보다 더욱 중요한 인류의 가치 있는 생존이 만물의 척도다'로 바꾸어야 할 수도 있다. 그러나 이는 미래의 인류가 무엇이 가치가 있다고 생각할 것인가에 대한 질문을 불러일으킨다. 그리고 일시적으로 가치가 없는 생존이 이후의 가치 있는 생존을 위한 방안이라면, 이는 수용될 수도 있다. 따라서, 나는 처음에 제시한 근본 규범으로 돌아가겠다. 즉, 인류의 장기 번영, 그리고 무엇보다도 우선하는 인류의 생존이 만물의 척도다.

7.7 이미 언급한 것인데, 근본 규범에 유일한 예외가 존재한다. 즉, 인류가 인류의 생존보다 더욱 우수한 종(예를 들어 "영적 기계")을 태어나게 하는 것을 선호하는 경우이다. 그런데 "존재할 것인가, 아니면 새로운 종을 창조할 것인가(to be or create a new species)"와 같은 선택은 기술적으로는 현재 불가능한 것이기 때문에 미래 세대가 결정해야 할 사안이다.

7.8 가치에 대해 숙고하기 위해 일부 최신 유행어를 해체하는 것이 필요하다. 나는 여러분이 인류의 '지속가능성'을, 비록 그 용어가 UN 헌장을 비롯하여 다양한 곳에서 받아들여지고 있기는 하나, 너무 심각하게 받아들이지 않았으면 한다. '지속 가능성'은 그 의미가 명확하지 않으며, 이에 더해 이율배반적 해석도 가능하다. 이 용어는 지나치게 많은 의미를 지니고 있어, 현재와 같이 급격한 변혁의 시대에 적합하지 않은 '보존'

의 의미를 가지고 있다. 무엇이 지속되어야 하는가? 현재와 같은 생활 수준? 출생률? 과학과 기술 발전 속도? 석탄의 전 지구 매장량? 모든 생물종? 혹은 진화의 전체 과정에서 보면, 일시적 존재에 불과한 인류의 현재 모습?

7.9 또한 나는 인류의 인류정책이 지향하는 가치인 '행복'에 대해서도 여러분이 조심성 있게 대하기를 바란다. 행복2)의 감정은 문화권에 따라서 결정되는 것으로 불안정한 주관적 감정이다. 현대 인류에게 있어서 행복이라고 생각되는 성교를 하거나, 맛있는 음식을 먹는 것과 비교할 때, 신념을 위해서 삶을 바친다는 것이 오히려 진실된 행복이다. 올더스 헉슬리(Aldous Huxley)의 「멋진 신세계」에 나오는 마약인 소마(Soma)3)는 진정한 행복을 주는가? 혹은 가상현실 세계4)에 완전한 몰입은 또 진정한 행복을 주는가?

7.10 따라서 '사람을 행복하게 하는 것'은 인류지도자의 역할은 아니다. '인류의 번성'이란 용어가 그렇게 유용한 것은 아니기 때문에, 그리스의 에우데모니아(Eudaimonia)의 사상의 버전인 '자아실현'을 나는 제안한다. 이는 인류지도자가 용이하게 실

---

2) 대한민국의 현행 헌법 10조는 행복추구권을 규정하고 있다. 헌법학자는 대부분 행복을 적극적인 상태가 아니라, 불만족이 없는 상태로 기술한다. 로마의 사상가인 세네카는 최고의 행복을 내면의 평정으로 설명했다. 그리스의 바쿠스(디오니소스)의 여신도는 광기와 엑스타시스를 행복으로 여겼을 것이다. 여러분이 생각하는 행복의 정의는 여러분 스스로가 주체적으로 정한 것인가? 아니면 여러분을 둘러싸고 있는 사회와 문화가 규정한 것인가?

3) 소마는 일종의 마약으로 「멋진 신세계」에 사는 인류가 먹고 행복을 느끼게 하는 약이다.

4) 가상현실 기술은 기하급수적으로 발달하고 있다. 빠르면 2020년대 중반 늦어도 2030년대 후반 가상현실은 현재의 인터넷을 대체할 수 있다. 맹자의 나비는 가상현실이 재현할 것이다.

현할 것으로, 18장에서 다루겠다. 그러나 이것도 문제가 된다. '번영'이란 단어는 문화권에 따라 다른 의미를 지닌다. 따라서 번영이 인류의 대재앙을 야기하거나, 혹은 인류의 장기적 생존에 대해서 확정적 위험을 주지 않는 한, 수용될 수 있다.

7.11 어떠한 경우라도, 여러분이 인류지도자로서 약속해야 하는 것은 미래 세대의 생존과 미래 세대가 번영의 조건을 달성할 수 있도록 기회를 유지해야 하는 것이다. 그리고 미래 세대는 그 다음의 미래 세대에 유사한 기회를 주어야 한다.

7.12 동물에 대한 인간의 행위와 관련해서, 동물, 특히 지적인 동물의 고통을 최소화하는 것을 의무로 하는 규범을 근본 규범에 추가할 여지가 있다. 그러나 이를 근본규범에 포함시키지는 않겠다. 대신, 인류와 동물의 가치가 서로 충돌하는 경우, 그것이 동물의 고통을 수반한다 하더라도, 인간의 복리를 우선시해야 하며, 무엇보다 인류의 미래를 우선시 하는 것을 근본 규범의 원칙으로 하겠다. 그런데 이는 동물과 인간의 이익 '비례'라는 어려운 물음을 던진다. 그러나 동물에 대한 인류의 원칙적 의무(동물권보다는 법철학적 관점에서 더 잘 형성된)는 인류의 미래와 복지보다는 규범적 무게가 크지 않다. 나는 이에 대해 많은 사람이 강력한 반대를 할 수 있음을 알고 있다. 그러나 인류지도자로서의 여러분은 이를 받아들여야 한다고 나는 생각한다.

7.13 근본 규범은 공리주의와 연계된 결과론적 윤리를 도출할 것이다. 이는 행위의 결과와는 독립하여, 행위 자체의 도덕으로 판단하는 의무론적 윤리관과는 다르다. 결과주의는 보다 높은 가치를 지닌 목표 달성을 위해 반드시 필요하다면, 도덕적

으로 의심스럽거나 혹은 비도덕적으로 여겨지는 수단까지도 그 사용을 정당화시킨다. 그러나 이에 대해서는 '정당한 전쟁'과 같은 많은 의구심을 남겨 놓는다. 정당한 전쟁은 모든 규칙을 무시하는 인류의 적과의 충돌을 확산하는 데는 적용되지 않는 낡은 개념이 되었다.

7.14 근본 규범은, 조작적인 가치와 목표가 공식화될 수 있고, 될 필요가 있기 때문에, 메타 윤리로서의 역할을 수행한다. 이는 더 나아가 인류가 만든 인류정책을 구성하고, 이에 적용되는 규범적 한계로서의 역할을 수행한다. 그러한 가치와 목표의 일시적인 계층 구조는 근본 규범을 가장 상위에 위치시킨다. 이렇게 해야 비로소 대재앙의 가능성이 줄고, 생지옥의 확률도 낮아진다.

7.15 근본 규범과 이의 파생 원칙을 현재에 적용하면, 비극적인 선택을 해야 하는 경우가 적지 않다. 인류지도자로서의 여러분은 가장 무거운 부담이며 가장 심각한 책임을 다하기 위해 비극적 선택을 내려야 할 수 있다. 이는 여러분에게 여러분의 도덕적 이성과 감정은 물론이고 여러분의 모든 역량을 모두 쏟아 부을 것을 요구한다. 여러분은 정신적 조언자에게 조언을 받을 수 있고 또한 받아야 하며, 동료의 의견을 숙고해야 한다. 또한 시간이 지남에 따라 나타날 '인류의 일반 의지'를 경청해야 한다. 그러나 인류지도자로서 여러분의 선택에 따른 최종 책임은 바로 여러분의 것이며, 여러분이 홀로 책임져야 하는 것이다.

08

8.1 인류정책을 진지하게 창안(Composing)하기 위해서는 상당한
지식과 철학적 반성이 필요하나, 현재로서는 인류정책을 만
들기에는 지식 및 철학적 바탕이 부족한 것이 현실이다. 이를
위해서는 전지구적 규모의 씽크탱크가 인류정책을 개발하는
데 전념해야 하며, 관련한 지식을 제고하기 위해 지식 공동체
의 지구적인 확장과 지식 공동체의 다양화가 필요하다. 또한
인류정책 전문가를 키워야 하며, 기타 관련 지식을 생산하고
정책을 설계하는 기관과 개인이 필요하다. 무엇보다, 여러분
스스로에게 인류정책의 거장이 되기 위한 열정이 있어야 한
다. 그러나 이들은 모두 인류정책을 생산하고 구현하기 위한
도구에 불과하다. 인류정책은 근본규범과 부차적인 가치와
목표를 이어서 실현하는 제도와 장치이다.

8.2 내가 인류정책과 관련하여 '작성', '설계' 및 '계획' 등과 같은
용어 대신 '창안(composing)'[1])이라는 용어를 사용함에 주목해
주면 좋겠다. '창안'이라는 단어가 주는 의미와 정서적 느낌이
풍부하기 때문에 사용했다. '창안'은 숙고, 영감, 창의성, 예술

---

1) Composing은 작곡을 의미하나, 작곡으로 번역하기에는 의미가 너무 협소하다.
드로어 교수의 의도를 살리기 위해 '창안'으로 번역했다.

적 감각, 직관, '느낌' 등을 포함한다. 이 모든 것이 최적의 인류정책 원칙을 얻는 데 필요하다. 또한 인류지도자로서의 당신과 인류정책 전문가의 마음속에, 인류정책을 구성하는 데 필요하다.

8.3 인류정책을 위한 임시 원칙은 제시하면 다음과 같다. (1) 초위험 발생원인(ultra-dangerous capacities) 억제, (2) 인류의 적 무력화, (3) 인류를 위험하게 하는 무모한 시도의 최소화, (4) 인간 증강의 제한, (5) 이미 진행된 위험의 완화, (6) 생지옥의 가능성 감소, (7) 미래 가능성 탐구, (8) 단절의 연결, (9) 자아실현 기회의 확장, (10) 가치관의 변화, (11) 기초의 설정, 및 (12) 글로벌 거버넌스

8.4 인류정책의 주요 임무는 대재앙, 특히 인류 종말의 위협을 방지하는 것임을 여러분의 마음속에서 공감하기를 바란다. 재래식 테러, 불평등 및 인권 침해와 같은 현대의 공공 및 정책 문제의 대부분은 "인류의 장기적 생존에 대한 위험과 극단적으로 거대한 규모의 대재앙"보다 중요한 것은 아니다. 따라서 그러한 문제는 "보통"의 정치지도자의 임무에 속한다. 인류지도자도 그러한 문제를 다룰 능력을 가져야 하나, 이들은 여러분의 프로메테우스적 사명에 해당하지 않으며, 인류정책의 주제도 아니다.

8.5 운명적 문제에 집중하는 것이 인류지도자가 되기 위해서 필요하다. 그렇지 못하다면, 프로메테우스적 사명은 흐릿해지고, 중요하기는 하나 운명적이지 않은 일에 더 많은 시간과 열정을 바치게 된다. 그러나 운명적 문제에 집중하는 것은 쉬운 일은 아니다. 판단하기 어려운 어중간한 이슈가 많기 때문이

다. 인류의 미래보다는 구체적인 현재의 이슈에 집중하라는 것이 대중의 요구이며, 여러분은 이에 잘 대응해야 한다.

8.6 대중의 의견이 정치계를 지배하는 한, 인류지도자는 대중의 관심사를 수행하는 그 장막의 뒤[2]에서 인류정책을 위한 노력을 숨기는 것 이외에는 대안이 없다. 대중의 관심사와 인류정책 사이에 큰 차이가 있다는 것을 대중에게 알려주는 것이 반드시 필요하다. 그런데 대중에게 이를 인식시키는 일은 지난하고 많은 시간이 필요하다. 어쩌면 대재앙의 가혹한 가르침만이 대중을 깨닫게 할 수도 있다. 그때까지, 일부의 이상적인 정치이론가가 제기하는 "공론장"에 대한 신뢰와 인터넷 공동체 모임은 아쉽게도 기다려야 한다.

---

2) 드로어 교수의 의도는 분명하다. 인류지도자는 현재의 이익에만 관심을 두는 대중을 만족시키는 행위를 하면서, 그 행위가 인류정책의 방향과 일치하도록 해야 한다. 만약 대중을 만족시키는 행위가 인류정책과 충돌한다면, 대중의 관심사를 충족시키는 것 같지만 궁극적으로는 인류정책을 추구하는 방향이 될 수 있도록 해야 한다. 이때 인류지도자는 그 의도를 숨겨야 한다.

09

9.1 이미 앞에서도 언급한 인류가 진화의 덫에 빠져있다는 것을 다시 한 번 설명하겠다. 그래야 인류정책이 다루어야 하는 운명적 위험의 근본 원인을 밝힐 수 있기 때문이다. 2017년 4월 필자가 읽은 한 논문은 그 주제에 대해 상세히 볼 수 있는 기회였다. 해당 논문은 미국과 러시아 간의 확장되고 있는 군사 경쟁을 다루고 있었다. 러시아의 신형 T-14 아마타(Armata) 탱크의 핵탄두 발사 능력에 대응하기 위해 미국은 새로운 운동 에너지를 가진 발사체를 찾고 있었다. 그러한 시도는 미친 짓에 불과하다. 인류 진화의 주요 추진 동인 중 일부가 인류에게 점점 더 깊은 함정이 되어가고 있음을 잘 설명하고 있다. 그 함정이란 질투, 권력에 대한 추구, 경쟁, 적을 설정하는 일[1] 및 전쟁이다.

9.2 이들 동인은 상호 학습 및 협력과 함께하여 인류의 진화를 가져왔다. 그러나 상호 학습과 협력이 일반적이라고 강조하는 책은 편향되어 있다고 보아야 한다. 다수의 적대와 소수의 협력이 인류가 현재와 같은 문화적, 사회경제적 그리고 사회 기

---

1) 일부 국가나 정치지도자는 대외적인 적을 설정함으로써 국가의 통합을 기하거나 공중의 관심을 다른 곳으로 돌렸다.

술적으로 높은 수준을 달성하는 데 필요했다. 그러나 현재와 같이 인류가 스스로를 파괴할 정도의 힘을 가진 현재, 과거와 같은 진화의 동역학은 대재앙을 야기할 뿐만 아니라, 인류의 자멸로 이끌 수도 있다.

9.3 인류의 진보는 비싼 대가를 치렀다. 인류는 정복, 노예확보 및 살해 등을 위해 모든 도구와 지식을 이용했다. 그러나 인류 스스로를 파괴할 가능성 중 가장 위험한 것은, 우리 인류의 독선적 대량학살[2]에 대한 성향이다.

9.4 인간에게는 스스로에 대한 이해, 삶과 죽음에 대한 의미 부여, 삶에 대한 인도를 위해 믿음이 필요하다. 그러나 특정한 믿음을 가진 사람이 다른 믿음을 가진 사람을 "악"으로, 아니면 최소한 "무지한 자"로 낙인을 찍는 일은 드물지 않다. 이러한 인류의 경향은 다른 믿음을 가진 자를 개종시키거나 혹은 살해하는 것을 도덕적 의무로 간주하게 한다. 따라서 나치를 주도하는 사람의 양심은 위험하지만 깨끗하다고 볼 수 있다. 즉, 그들은 진실로 모든 유대인을 죽이고 제거하는 것이 우수한 아리안 문명을 보호하고, 위험한 하등 인간으로부터 "진정한 인류"의 미래를 보살피기 위해서는 필요[3]하다고 믿었기 때문이다.

---

2) 인류의 대학살 사례를 일부만 들겠다. 유럽의 십자군 전쟁, 마녀 사냥, 미국의 원주민에 대한 운디드니 학살, 나치의 유태인 학살, 소련의 카틴 숲의 학살, 일본의 난징 대학살, 일본의 마닐라 대학살, 이승만의 제주 4.3 사건, 르완다의 인종청소, 이스라엘의 팔레스타인 학살 등이 그것이다. 그나마 다행인 것은 제1차 세계대전과 제2차 세계대전은 인류에게 비싼 대가를 치르게 하고 조금이나마 반성을 하게 했다는 점이다.

3) 인류지도자인 여러분은 그렇지 않겠지만, 주위에 하등 인류로부터 "인류의 미래"를 보호하기 위해 어떤 노력을 하는 사람이 없는지를 한 번 돌아보기를 권한다.

9.5 다양한 형태의 탐욕, 이와 관련된 소망과 감정은 인류의 역사를 불행하게 만드는 데 주요 역할을 해왔다. 지금도 이들은 우리의 현재를 불행하게 만들고 있다. 헤겔은 인류의 역사를 "도살대"라고 보았는데, 인류의 독선적 대량 학살이 이를 입증했다. 아담 스미스의 중요 저서 중 하나인 「도덕 감정론」(1759)에서 이에 대해 핵심적 진실을 갈파했다. "부패해버린 도덕적 감성 중에 파벌주의와 광신적 믿음이 과거부터 현재까지 가장 큰 영향을 미쳤다." 하나의 신앙에서 근본주의로, 근본주의에서 광신적 믿음으로, 그리고 광신적 믿음이 독선적 대량 학살로 이어지는 것은 자연스럽다. 특히, 사회적 긴장도가 높거나, 위압적이면서도 사악한 자가 지도자의 역할을 맡고 있는 경우라면 더욱 그렇다.

9.6 탐욕은 오류, 사고, 미래예측의 결여, 불만, 필수 자원 경쟁, 증오, 중과실 및 단순한 "불운" 등이 그랬던 것처럼, 인간이 야기한 대재앙으로 이어질 수 있다. 그러나 독선적 광신자는 그가 속한 사회에 커다란 위험을 만들었다. 그런데 역설적이지만 독선적 광신도는 일정한 기간 동안은 인류의 대부분이 "진실한 가치"라고 믿은 것을 진전시키는 데 필수적인 역할을 수행했다. 그러나 독선적인고 광신적인 믿음은, 과학기술의 발전에 따라 효과적이며 효율적인 대량 학살 도구를 개발하게 하는 비극의 '함정'에 우리 인류를 몰아넣었다. 따라서, 인권에 대한 광신적 믿음이 노예제의 소멸에 이바지했으나, 비극적이고도 역설적이게도 그러한 믿음은 미국을 남북전쟁으로 몰아넣어, 많은 미국 시민이 목숨을 잃게 만들었다.

9.7 인류지도자로서 여러분은 인류의 미래에 대한 중대한 위험을

야기한 원인을 이해해야 한다. 가치체계에서 내재된 본질적 성격은 가치 간의 충돌이다. 한쪽에서 고도의 도덕적 가치가 있다고 판단한 것은, 다른 가치체계에서는 절대적 악으로 규정될 수 있다. 이는 나와 다른 가치를 가진 자를 살해해야 하는 주관적인 고도의 도덕적 감정으로 쉽게 이어진다. 또한 이를 위해 기꺼이 죽을 수도 있게 한다.

9.8 구세주가 빠른 시일 내에 재림할 수 있도록, 종말의 시기를 이르게 하는 것이 도덕적 의무라고 믿는 종교 분파가 있다고 상상해 보자. 이들은 그들 자신을 포함한 모든 인간을 살해함으로써 세상의 종말을 가져오려고 할 수 있을 것이다. 이들은 생명과학 기술자인 신도의 도움을 받아, 변종 바이러스를 합성하고 이를 이용할 수 있다. 인류의 역사를 돌아보면, 그러한 광신도 분파의 출현 가능성을 부인할 수 없다. 생명과학기술의 진보를 고려한다면, 작은 규모의 실험실에서 인류에게 치명적인 바이러스를 변종시킬 가능성도 늘어나고 있다.

9.9 그러한 가능성이 단순한 망상과 공상이 아니라, 실질적으로 가능하다는 것을 재확인하기 위해, 인류 스스로가 운명적 위험의 원인이었던 사례를 몇 개 더 들도록 하겠다. 인체에 용이하게 침입할 수 있는 나노 로봇을 생산할 수 있는 기술을 개발했다고 생각해보자. 나노 로봇이 자기복제를 할 수 있다면, 인류 전체를 죽일 수도 있고, 제한된 환경하에서 모든 암을 치료할 수도 있다. 가능한 시나리오와 그 결과를 아래 들어 보겠다.

- 어떤 실험실이 의료를 목적으로 나노 로봇을 생산하고 있는데, 경제적 이유로 나노 로봇에 자기복제 알고리즘을 이식했다. 이

모든 것은 극도의 보안 상황에서 수행되었다. 그러나 한 사람의 작은 실수로 인해, 혹은 기술적인 오작동으로 인해, 인류의 30%를 죽일 수 있는 고장난 나노 로봇이 세상에 노출되었다.

- 일단의 광적 환경 운동가들은 인간의 탐욕스러운 파괴로부터 어머니 지구 가이아를 구하기 위해서 인류를 멸종시키는 것이 그들의 도덕적 의무라고 믿었다. 이들은 의료 시설에서 나노 로봇을 훔쳤다. 나노 로봇에게 자기복제 알고리즘을 이식하고, 인류를 죽이라는 명령어를 심었다. 그들은 전세계 10개 주요 공항에 그 나노 로봇을 풀었다. 그들이 각오했던 대로, 그들은 나노 로봇에 감염되어 죽었고, 아울러 인류의 80%도 죽었다. 이로 인해 전지구적으로 사회경제적이고 사회기술적 문명은 붕괴했다.

- 빈곤에 시달리고 있는 어떤 아프리카 국가가 대량 살상용 자기복제 나노 로봇을 생산하는 시설을 비밀리에 구축했다. 그들의 고위 비밀정보 요원이 전세계 5대 주요국가의 수도에 나노 로봇을 감춰놓았다. 그 가난한 아프리카 국가의 통치자는 살상용 나노 로봇 샘플을 UN에 보내고, 부유한 서방국가가 수백 년 간의 노예화와 약탈에 대해, 현재 구매력 기준으로 1조[4] US달러로 10년에 걸쳐 미국과 서유럽 국가가 보상해야 한다고 선언했다. 만약 서방국가가 그들의 요구를 받아들이지 않는다면, 대량 살상 나노 로봇은 전세계에 퍼질 것이라고 경고했다. 그 선언문의 말미에는 "우리는 서방국가의 탐욕과 살인적인 제국주의에 의해 야기된 참담한 생존보다는 죽음을 원한다"라고 쓰여 있었다. 그리고 그 선언문은 살인 나노 로봇을 보유하고 있음을 증명하기 위해, 죽은 나노 로봇을 동봉하여, 전세계 주요 언론사에 그 다음날 배송되었다.

---

[4] 2014년 기준 연간 전지구 총생산은 실질기준 107.5조 US달러, 명목 78.3조 US달러였다.

9.10 이 이외에도 인류가 인류에게 가장 큰 위험의 원인이라는 증거는 많다. 다만 위의 제기한 사례는 다루어야 할 위험과 문제를 명확히 하기 위한 것으로 적당하기 때문에 제시한 것에 불과하다. 제시된 사례를 극단적이라고 생각하지 않았으면 좋겠다. 인류를 위험하게 하는 것은 과학기술 자체가 아니다. 인류를 위험하게 할 가능성이 높은 상황임에도 불구하고 제약없이 과학과 기술을 개발하고, 이에 대한 광고와 홍보를 하며, 이용 및 오용을 하는 것이 인류를 위험하게 하는 원인이다. 따라서 "인류로부터 인류를 구원"해야 한다는 만트라[5]는 여러분의 프로메테우스적 사명의 핵심과 인류정책의 과업을 요약한 것이다.

9.11 인류지도자로서의 여러분이 직면하게 될 상황을 심리 역사학자인 에릭 에릭슨(Erik H. Erikson)의 책인 「생활사와 역사적 순간」(1975)은 잘 요약하고 있다.

> "생물의 한 종으로서 인간은 인간의 본성, 다른 종의 본성 및 인간이 그의 적이라고 부르는 '가짜 생명'에 대한 환상을 키울 여력을 더 이상 가지고 있지 않다. 인간이 세계적 파괴가 가능한 무기를 개발하고 제조하는 동안에는 말이다."

9.12 에릭슨은 위와 같은 의견을 50년 전에 제시했다. 이는 점점 더 치명적이 되어 가는 지식과 도구의 개발속도가 빨라짐에 따라 더욱 큰 타당성을 지니게 되었다. 인류지도자는 인간이 본질적으로 "선"한 본성을 타고 났다는 환상에 빠져들면 안 된다. 그렇다고 그와 반대로 인류가 근본적으로 "악"한 본성

---

5) 산스크리트어로 참된 말, 진언을 의미한다.

을 타고 났다는 의미는 아니다. 그보다는 우리가 선과 악의 개념을 어떻게 이해하느냐에 따라서, 그리고 환경, 리더십, 역사 및 무작위적인 요소에 의해서, 인간이 아주 쉽게 "선" 혹은 "악"하게 될 수 있다는 것을 유효한 가설로 받아들이는 것이 좋다.

9.13 세상에 돌아다니는 대중 심리학을 신봉하여 바보가 되지 말기를 바란다. 좌절, 무지 및 결핍이 독선적 대량 살인마를 만드는 주요 원인이라는 주장은 잘못된 주장이다. 좌절 등의 발생과 그로 인한 결과를 줄이도록 노력하는 것인 필요하다. 그러나 이는 원인 중 사소한 일부에 불과하다. 나치 엘리트, 광신적 테러 조직, 종말론적 종교분파 및 그와 유사한 정도의 위험성을 지닌 "진실한 신봉자"는 고등교육을 받은 사람과 열정적 활동가를 모두 포함한다. 이들은 인류의 대량학살에 참여하는 것이 도덕적 의무라고 생각하며, 더 나아가 "우리가 승리하지 않는다면, 인류는 생존할 가치가 없다"는 정신상태를 보이기까지 한다. 히틀러는 분명하게도 나치당에 의해 지배 받지 않은 인류는 멸종에 이르는 것이 좋다고 주장했던 것으로 보인다.

9.14 대규모의 재앙, 아마도 인류 멸종의 근본 원인이 인류 스스로에게 있다면, 우리가 할 수 있는 것이 무엇인가에 대한 질문이 제기된다. 인간의 본성을 바꾸는 것은, 그 위험을 줄이는 실질적 방법이 되지 못한다. 앞에서 언급한 우리에게 주어진 시간인 50년 혹은 100년 안에 인간의 본성을 바꾸는 것은 사실상 불가능하다. "교육"과 "계몽"을 통해 인간의 근본적 성향에 어떤 영향을 끼치는 것은 어렵다. 이와 반대로 강제적으

로 인간의 본성을 바꾸고자 하는 노력은 흔히 부작용을 가져
왔다. 전체 교육과 세뇌 등의 역사를 되돌아 보라. 영혼을 살
찌우는 활동6)은 도움이 될 수 있으나, 너무 많은 시간을 필
요로 하여, 이에 의존할 수 없다. 그렇다고 유전자 기술이나
화학 요법 및 기타 극단적인 기술(그러한 기술이 개발되고 사용
할 수 있다면)을 이용하여 인간의 기본 가치관에 변화를 주는
것은 창의성을 억누르는 등의 심각한 부작용을 낳을 가능성
이 크다. 따라서 앞으로 적어도 50년 혹은 100년의 안에는,
인류정책의 원칙은 인류가 스스로에게 부과한 위험을 줄일
수 있는 조작적 원칙에 초점을 두어야 한다. 이는 "기술적 교
정"보다는 심도 있는 접근이나, 인간의 핵심적인 본성을 직접
다루는 것보다는 쉽다고 판단된다.

---

6) 명상 등이 영혼을 살찌우는 방법이 된다. 인류지도자라면 명상을 하고 스스로와
대화를 나누는 법을 알아야 하지 않을까?

10

10.1 사람의 근본 성향을 바꾸는 것은 어렵다. 따라서 과학기술에
대한 가장 기초적인 원칙은, 대재난과 문명의 붕괴를 초래하
고 인류의 장기적 존재를 위협할 수 있는 과학기술에 대한
연구를 통제해야 한다는 것이다. 관련 과학기술 도구를 생산
하거나 연구하는 것도 억제해야만 한다. 이들 지식과 도구는
대재앙 등의 초위험의 발생원인이 되기 때문이다.

10.2 과학기술에 대한 연구와 도구의 개발을 억제하는 것이 단순
명쾌해 보일 수 있다. 그러나 이는 쉽지 않다. 더구나 이들에
대한 억제에 있어서 완전한 성공을 거두는 것은 더욱 어렵다.
다음과 같은 이유 때문이다.

(1) 잠재적으로 초위험의 원인이 되는 지식과 도구에 대해서 예
측불가능성이 존재한다. 나노물질기술과 인간의 종합적 지능
에 준하는 인공지능 로봇이 재난, 인류의 붕괴, 혹은 기타 운
명적 결과를 초래할지의 여부에 대해서는 단정적 예견이 불가
능하다.

(2) 앞서 언급했듯이, 일부 지식과 도구는 양면성이 있다. 인류에게
큰 도움이 될 수도 있고, 혹은 초위험의 원인이 될 수도 있다.

(3) 그런 우려로 인해 연구개발을 제한하는 것은 부정적 결과를

낳을 수 있다. 즉, 연구개발에 대한 제한과 억제는 인간의 자유를 침해하고, 시장 경제의 원칙을 위배할 수 있다. 결론적으로 이는 편익보다 비용이 더 큰 것으로 강력하게 반대되어야 한다.

(4) 과학과 기술의 연구개발에 있어서 인류정책의 원칙이 제대로 적용되게 하기 위해서는 강대국 간에 연구개발의 일정한 제한과 금지에 대한 합의가 이뤄져야 한다. 또한 이의 위반을 감시하기 위한 세계적 감시 체계와 위반에 대한 효과적 제제를 위한 제도의 수립이 필요하다.[1] 위반자는 그의 행위에 따른 엄격한 처벌을 받아야 한다(이들은 인류의 적으로 간주되며, 다음 장에서 논하겠다).

10.3 위험의 원인이 되는 지식과 도구를 엄격하게 제한하는 것은 다른 한편으로 그들이 가져올 긍정적 가능성을 사전에 배제하는 문제가 있다. 또한 이미 현존 인류가 받아들인 가치체계에 대해 근본적 변화를 가져온다. 따라서 지식과 도구를 제한하는 최적의 방안은 이를 전반적으로 금지하는 것이 아니다. 인류의 자멸가능성을 의미하는 진화의 함정은 최적의 인류정책과 위험한 지식과 도구의 개발과 확산에 대한 광범위한 규제를 통해서 부분적으로나마 빠져나올 수 있기 때문이다. 그러나 이미 알고 있듯이, 진화의 함정에서 완전하게 빠져나오는 것은 불가능하다. 뒤에서 논의할 모든 인류정책의 원칙과 그 가능성과 한계에 대한 전체적 관점은 이러한 결론을 뒷받

---

1) 인간의 유전자 편집에 대한 연구는 중국에서 활발하게 진행되고 있다. 이로 인한 경제적 이익이 막대하기 때문이다. 그런데 인간의 유전자 연구가 악용될 경우의 대재앙을 생각하면, 그 결과를 상상하는 것조차 두렵다. 중국의 CRISPR과 인간 유전자에 대한 적극적인 연구에 이유가 없는 것은 아니다. 전 지구적 차원에서 양보와 협력이 필요한 이유가 여기에 있다.

침한다.

10.4 자연환경도 피하는 것이 불가능한 위험을 초래할 수 있다. 인류정책에는 인류의 멸종을 야기할 수 있는 소행성[2] 등으로 인한 영향으로부터 지구를 보호하는 노력이 포함되어야 한다. 소행성 충돌로 지구는 몇 차례의 생물 대멸종 사건을 겪었다. 소행성 등의 지구 충돌에 대한 조기 경보 시스템이 보다 강화되어야 한다. 또한 소행성 등의 경로를 바꿀 수 있는 방안을 개발하기 위해 지구적 차원에서 더 많은 자원을 투입해야 한다. 지각의 심층부에서 발생하는 대규모의 지진과 초화산(supervolcano)[3]의 분화 또한 인류를 멸종시키는 원인이 될 수 있다.

10.5 인류 생존의 위협이 되는 모든 것을 완벽하게 예방하는 것은 불가능하다. 또한 이를 완전히 예방하는 것은 그 부작용이 더 클 수 있다. 이를 감안한다면, 인류 생존을 위험하게 하는 일이 발생했을 때도, 인류의 지속성을 보장하기 위해 최소한의 사람이 생존할 수 있도록 하고, 그들이 우리 인류의 지식을 보존할 수 있도록 하는 최후의 방안을 마련해야 한다. 이런 조치를 민간 재단, 개인 자선가 및 정부가 부분적으로는 취한 경우가 없지 않아 있기는 하나, 전반적으로 진행된 적은 없다고 보여진다. 좋은 예로 스발바르 국제종자저장고[4]를 들 수

---

2) 지구에 생명체가 출현한 이후 5억년간 적게는 5번 많게는 20번 가량의 대멸종 사건이 있었을 것으로 추정된다. 대멸종사건의 원인 중 소행성 충돌이 가장 크다. 가장 최근 대멸종사건은 6,600만년 전의 공룡멸종으로 불리는 백악기－제3기 멸종사건이다. 이때 소행성의 크기는 지름이 10km가 넘었다. 지름 5km 소행성 충돌은 확률적으로 천만년에 한 번 일어난다.

3) 페름기 대멸종 사건은 초화산으로 인한 메탄가스 분출 때문인 것으로 현재 여겨지고 있다.

있다. 최근 갑작스럽게 영구 동토(永久凍土)에서 녹은 물이 터널에서 솟구쳐 반원형 천장까지 채워진 것을 보면, 최후의 방안을 마련하는 것이 어렵다는 것을 알 수 있다.

10.6 소행성 조기 경보 시스템이 가능하다면, 경로방향을 전환할 수 없을 정도의 거대 규모의 소행성 경로를 추적할 수 있다. 거대 규모의 소행성이 지구로 향한다는 것을 사전에 감지할 수 있다면, 인류 전체는 아니라 하더라도 다수의 인류를 구원할 수 있을 것이다. 치료법이 없는 치명적 바이러스의 점진적 확산에 대해서, 인류 대부분이 죽는다 하더라도, 인류와 인류의 문명을 보존하기 위해 전지구적이며 정부차원의 긴급대응책은, 비밀리에 시행되겠지만, 현실적으로 가능할 수 있다. 그러나 인류지도자로서 독자 여러분의 가장 안전하고 확실한 방안은 민간 주도의 조치를 이끌어내는 것이다. 그리고 인류지도자는 이들이 실제로 인류의 필요에 따르도록 하고, 개인 안전만을 위하지 않도록 감시해야 한다.

10.7 달이나 우리 태양계의 다른 행성, 혹은 멋 훗날 태양계 밖의 행성으로 인류가 이주하는 것은 인류의 멸종을 피하기 위한 방안이 될 수 있다. 그렇게 함으로써 과학을 발전시킬 수 있고, 인류에게 필요한 물질자원5)을 공급하고, 핵폐기물과 같

---

4) 전지구적인 대재앙의 발생 이후, 살아남은 인류의 생존을 위해 식물의 씨앗을 보관할 목적으로 건설되었다. 북극점으로부터 1,300km 떨어진 노르웨이령 스발바르 제도의 스피츠베르겐 섬에 건설되었다. 건설경비는 노르웨이 정부가 부담했고, 운영비용은 노르웨이 정부와 세계작물다양성재단이 공동 부담한다. 2010년 기준 50만종의 종자가 보관되어 있으며, 목표는 450만종이다. 한국도 세계식량농업기구와 협정으로 체결하여 종자를 보관하기로 했다.

5) 소행성에서 자원을 채취하는 것은 오랫동안 상상되어왔고, 계획되었다. 소행성 2011 UW158은 5.4조달러의 가치를 지녔다고 평가된다. 소행성에 금, 백금 등

은 쓰레기 하치장을 제공할 수 있다. 그러한 실용적 이유 이외에도, "높이, 높이, 멀리"(up, up, and away)라는 구호는 인간 진보의 주요한 원동력으로서 탐험심, 모험심, 및 호기심을 자극해왔다. 나는 이를 철학자, 신학자, 그리고 꿈 많은 미래 연구자가 고민해야 할 일이라고 생각한다.

10.8 스티븐 호킹 교수는 '인류가 생존하려면, 100년 이내에 새로운 행성으로 이주해서 정착해야 한다'고 주장했다. 기후 변화와 가능성이 높아지는 소행성 충돌, 전염병 및 인구 증가 등으로 인한 위험은 믿을 수 없을 정도로 늘어나고 있다. 지구 차원에서 대규모의 예산과 자원을 우주 탐험과 다른 행성에 인류를 이주시키기 위한 연구 등에 할당하는 것은 이 장에서 논의하고 있는 인류정책의 구성요소가 될 것이다. 그러한 노력의 일부는 민간부분에서 착수해야 한다. 그러나 경제적 이익이 없으면서 상당한 위험을 수반하는 대규모의 투자는 정부차원에서 진행되어야 한다. 그리고 가급적 선진국이 컨소시엄을 구성해서 추진해야 하며, 궁극적으로는 글로벌 거버넌스의 주요 프로젝트로 진행해야 한다. 인류지도자로서 여러분은 그러한 시도가 추진될 수 있는 기반을 마련하고 지원해야 한다.

10.9 인류가 필멸자에서 벗어날지의 여부는 현재로서는 분명하지 않다. 인류가 영생할 수 있을지의 여부는 먼 미래에나 결정될 것이다. 그러나 단기적인 관점에서 보면, 인류가 택할 수 있

의 희토류가 많이 포함되어 있다. 소행성 광산은 희토류에 대한 경제적 지형을 다르게 만들 가능성이 크다. 2020년대에 소행성 광산이 상용화될 것으로 보는 견해가 있다. 테슬라 자동차와 xSpace의 엘론 머스크(Ellon Musk)가 재활용이 가능한 우주발사체를 개발하는 것을 큰 시각으로 보아야 한다.

는 최선의 방안은 인류의 생존 가능성을 제고하는 것이기는 하겠으나, 완전히 보장할 수는 없다. 우리 인류는 인류 멸종의 가능성과 대재앙의 개연성 그늘 아래서 생존해야만 하고, 진화해야만 한다. 이는 대중 언론에서 광고되거나 학교에서 논의되는 접근과 시각은 아니다. 그러나 인류지도자로서 여러분은 이에 대해 명확하게 인지하고 있어야 한다. 현재의 인류가 무지의 가장자리[6]에 서 있음을 알아야 하며, 우리 인류의 멸종과 대규모의 재앙의 가능성을 줄이기 위해 최선을 다해야 한다.

10.10 거대 소행성이 지구와 충돌하여 인류의 종말이 불가피하다면, 어떻게 대응할지에 대한 질문은 여전히 남아있다. 대중에게 앞으로 닥칠 재난에 대해 알려줘야 할까? 아니면 최대한 이 사실을 모르게 해야 할까? 재난이 닥치기 전에 스스로 목숨을 끊길 원하는 이들에게 독약 캡슐을 제공해야 할까? 공공질서를 마지막 순간까지 유지하는 것이 옳은가? 그렇다면 어떻게 해야 할까? 종교 지도자가 대중 매체에서 사람들에게 초월적 위로와 위안을 줄 수 있도록 해야 할까?

10.11 인류지도자로서 독자 여러분은 상기한 질문을 인지하고 있어야 하며, 의식하고 있어야 한다. 나는 인류지도자를 위한 세미나에 상기한 질문이 고려될 수 있도록 하겠다. 그렇다고 해

---

6) 지식이 늘어날수록, 무지의 가장자리 또한 늘어난다. 등대의 높이가 올라갈수록, 계몽의 영토도 늘어나나, 무지의 국경의 길이도 늘어나는 것과 같다. 무지의 영역은 모르는 것을 앎(known unknowns), 모르는 것을 모름(unknown unknowns), 알고 있음을 모름(unknown knowns)이 있다. 과학은 지식의 영토를 확장하는 데 있고, 기술은 그 영토를 풍요롭게 하는 데 있다. 그러나 그 무지의 영토는 너무나도 넓어서, 과학이 그 영토를 넓힌다 하더라도, 줄어드는 것 같지 않다. 따라서 그 무지의 영역을 그 자체로 보는 접근이 필요하다.

서 이러한 암울한 질문이 인류지도자를 사로잡거나, 그러한 질문으로 인해 인류지도자가 좌절하도록 해서는 안 된다.

11

11.1 초위험의 원인이면서 동시에 인류의 번영에 이바지할 수 있는 지식과 도구를 지구상에서 완전히 제거하는 것이 불가능하고 또한 바람직하지 않다. 따라서 다음에 택할 수 있는 결정적 수단은 "인류의 적을 무력화"하는 것이다. 해적을 "인류의 적(hostis humani generis)"으로 규정하고, 혹독하게 처벌했던 로마법을 돌이켜 보면, "인류의 적"과 "인류에 대한 범죄"에 대한 범주체계의 보충과 확대가 필요하다. 인류의 적을 끝까지 추적해 붙잡은 뒤, 특별 재판소에 넘겨서 엄격한 처벌을 해야 한다.

11.2 "일상적인 테러"는 그 충격적이고 파괴적이며 고통스러운 효과에도 불구하고 오히려 사소한 문제에 불과하다. 사망자의 숫자로 보자면, 교통사고로 인한 사망자가 테러로 인한 사망자보다 많다.[1] 다만 테러로 인한 공포가 우리 삶을 황폐화시

---

1) 독일에 본부를 둔, 통계와 시장 연구 및 비즈니스 분석 기업인 스태티스타(Statista)에 따르면 테러로 인한 전세계 사망자는 2016년 25,621명에 달했다. 2007년 이래 2012년까지 사망자가 줄어들어 2012년 11,098명까지 줄어들었으나, 2014년에 32,763명으로 급증했다. 테러로 인한 사망자의 급증은 시리아 내전이 원인인 것으로 보인다. 2015년 WHO에 따르면 교통사고로 인한 사망자는 전세계 125만 명으로 2016년 테러 사망자에 비해 약 50배 많다. 식량 지원 재단(Food Aid Foundation)에 따르면 영양부족으로 사망하는 5세 이하 어린이의

킬 수 있다. 인류는 치명적인 전염병과 전쟁에도 불구하고 이를 이겨내고 생존해왔다. 최근까지도 테러리스트와 나치 독일과 같은 광신자 국가가 인류의 미래를 위험하게 하지 못했다는 것을 상기해보라.

11.3 초위험의 원인이 되는 지식과 도구의 개발로 인해, 인류의 적이 파멸적이면서 치명적인 위협이 될 수 있는가? 아니면 그러한 위험이란 것이 단순한 상상의 허구에 불과한가? 유감스럽게도 이에 대한 답은 인류의 적은 파멸적이면서 치명적인 위협이 되는 과정에 있다는 것이다. 종말론을 맹신하는 종교분파와 광신적인 정치체제는 최근까지 우리 인류 역사에 존재했었다. 히틀러에게 최후의 무기가 주어졌다면, 나치는 그들의 적이 승리하게 하느니, 최후의 무기를 사용했을 것임은 의심의 여지가 없다. 인류가 보여왔던 일부 경향은 우리를 암울하게 한다. 수백 만 명을 죽이거나 혹은 인류의 멸종을 시도하는 인류의 적은, 그런 행동을 하는 것이 도덕적 의무라고 주장하는 것이 일반적이다. 이들 인류의 적이 진정한 위험의 원인이며, 이들이 가까운 미래에 출현할 가능성이 점점 더 커지고 있다. 따라서 이들의 출현을 예방하고 제거하는 것은, 많은 비용이 들겠으나, 최우선 순위의 일이다.

11.4 "시한폭탄" 독트린2)을 완화하는 것이 필요하다. 예방적 구금

숫자가 매년 310만 명에 달한다고 주장하고 있다. 테러로 인한 사망자의 120여 배에 달한다. 사회 구조적 원인으로 인한 자살자의 숫자는 또 얼마나 될까? 한국에서만 2013년 1만 4천여 명으로 2016년 테러로 인한 사망자의 50%를 상회한다.

2) 시한폭탄 독트린 혹은 시한폭탄 시나리오란 윤리 문제에 대한 토의를 위한 사고실험이다. 이는 많은 사람이 살상될 테러 공격이 임박한 상황에서, 테러 공격의 위치를 알고 있는 자가 체포된 상황에서 이를 밝히기를 거부할 때, 고문은 정당

은 종종 필수적일 수 있다. 대재앙을 회피하기 위한 자료 수집은 불가피하다. 인터넷 사용은 감시되어야 한다.[3] 증거가 충분한 경우 죄 없는 사람에게 유죄 선고를 내리는 것이 어떤 경우에는 최악의 상황을 회피할 수 있다. "합리적 의심"의 법리에 집착함으로써, 수백 만 명의 사람이 죽거나 혹은 인류가 멸종되는 상황을 초래하는 것에 비하면, 시한폭탄 독트린을 완화하는 것이 덜 나쁠 수 있다. 나는 인류의 적의 지도자에게 사형을 내리는 것은 정당화될 수 있다고 생각한다. 그러나 이는 독자의 판단에 맡기겠다.

11.5 군소국가 및 비국가 단체가 초위험의 원인이 되는 지식과 도구를 보유하고, 이를 이용할 수 있는 현실적 가능성[4]이 있다.

화될 수 있는가에 대한 질문이다. 시한폭탄 시나리오는 미국이 911 사태로 인해, 초법적으로 관타나모 수용소를 유지하고 피의자를 고문한 것을 합리화하는 데 이용되기도 했다. 시한폭탄 시나리오는 체포된 사람이 테러에 가담한 자라는 것이 확실하다는 가정을 하고 있으나, 현실에서는 이에 대해 확실성을 보장할 수 없다. 또한 고문의 효과성에 대한 의문도 있다. 거짓 자백을 할 수 있기 때문이다. 시한폭탄 시나리오는 그러한 급박한 경우에도 고문을 합법화할 수 없다는 결론을 도출한다. 시한폭탄 독트린은 어떠한 경우에도 고문을 해서는 안 된다는 원칙을 의미한다.

3) 드로어 교수는 매우 과격한 주장을 하고 있으며, 우리에게 논쟁을 유발한다. 인류의 경험과 판례에 의해 수립된 시한폭탄 독트린을 완화하자는 주장을 하고 있기 때문이다. 역자는 그의 생각에 완전히 동의하기는 어려우나, 충분히 이해할 수 있다. 여러분도 가능하다면 다른 사람과 이에 대해 논쟁과 토의를 해보는 것은 어떨까? 의견을 수렴하기 위해서 하는 것이 아니라, 얼마나 다양한 의견이 존재하는지 알기 위한 토론을 해보는 것은 의미 있다.

4) 미국과 러시아에 비해 핵무기 역량이 부족한 중국이 이에 대응하기 위해 낙진강화용 폭탄(Salted Bomb)을 연구했음을 2018년 2월 15일 홍콩사우스차이나모닝포스트가 보도했다. 낙진강화용 폭탄은 넓은 범위의 방사성 동위원소 구름을 형성하여 더욱 넓은 지역에 피해를 준다. 중국 당국은 이를 실전에 배치할 계획은 없다고 밝히고 있다. 단지 상호확증파괴 위협을 강화했을 따름이다. 작은 국가나 정치 단체가 초위험의 원인을 보유하게 될 수 있는 상황이 된다는 것은 새로운 국제관계와 정치 시스템, 경제 시스템 및 교육 시스템을 요구한다.

이로 인해 극적이면서도 세계적인 지정학적 상황 변화가 있을 수 있음을 인지해야 한다. 모든 범주에서 군소국가와 비국가 단체가 초강대국가가 보유한 살상 능력과 동일한 힘을 보유할 수 있다. "비대칭적 전쟁"이란 개념은 오해만 불러일으킬 것이다. 이를테면 "힘의 균형", "집단 안보", "상호확증 파괴"와 같은 그간의 평화 유지 원칙 등은 더 이상 안전장치가 되지 못한다. 대재앙을 야기할 능력이 있고 또 그럴 의지가 있는 광신적 집단을 고려하면, 그간 널리 수용되어왔던 국제관계 이론은 더 이상 유효하지 못하다. 따라서 이를 기반으로 하는 경우 잘못된 의사결정을 할 수 있다.

11.6 초위험의 원인이 되는 지식과 도구는 그 가능성으로 인해 연구와 개발을 완전히 막을 수 없다. 그래서 초위험 능력을 갖출 수 있고, 기꺼이 이를 이용하고자 하는 인류의 적이 생기는 것을 예방해야 한다. 그리고 인류의 적이 이미 발생한 경우 이들을 제거해야 한다. 이를 위해서는 현재의 국제연합과는 근본적으로 다르며, 최종 결정권을 지닌 글로벌 거버넌스라는 엄격한 세계적 안보체계가 반드시 필요하다.

11.7 대규모 살상 혹은 인류를 멸종시키는 것이 도덕적 의무이며, 그러한 권한을 부여 받았다고 생각하는 광신적 집단이 고도의 기술력을 갖추게 되는 것은 현실적으로 충분히 가능하다. 자신의 믿음을 위해 기꺼이 죽을 수 있는 이들을 억제시킨다는 것은 현실적으로 불가능하다. 이들에 대해 강력한 조치를 취하는 것은 오히려 이들의 광신적인 보복을 야기할 수 있다. 이는 광신적 집단이 승리할 수도 있는 전면적 충돌("전쟁"은 부적절한 용어다)로 이어질 수도 있다.

11.8 글로벌 감시체계에 아무리 많은 자원을 투입하더라도, 광신자 집단이 대규모 살상 무기나 최후의 날의 도구가 될 수 있는 무기를 구하기 이전에, 이들 모두를 체포하는 것은 불가능하다. 따라서 광신적인 국가, 군소 광신 단체 및 외로운 광신 행위자가 초위험의 원인을 보유하게 된다면, 인류에 대한 위험은 불가피하게 된다.

11.9 가장 진보적 기술을 활용할 수 있는 인류지도자라 하더라도, 광신적 믿음을 가진 자들의 파멸적인 대량살상을 모두 예방하는 것은 쉽지 않다. 대량살상에 대한 예방의 실패는 정치지도자에 대한 신뢰를 저하시키고, 결국 이는 비정상적인 투표 행태로 이어질 것이다. 이는 다시 가장 무능력한 정치지도자를 뽑아 더 큰 위험이 야기되는 악순환을 초래할 것이다. 그런 악순환에 가능한 한 대비를 하는 것과 일상적인 경우라면 실행할 수 없는 인류정책을 과감하게 집행하는 것은, 예측과 준비가 필수적인 인류지도자에게 있어서 주요 과제이다.

11.10 인류의 적인 대표적 사례가 히틀러이다. 히틀러가 1936년 라인(Rhein) 지역에서 재군비를 추진했을 때, 프랑스가 히틀러의 재군비에 군사력으로 대응했다면, 프랑스는 "전쟁광"이란 딱지가 붙었을 것이다. 만약 그렇다면 히틀러가 제2차 세계대전을 일으키지는 못했겠으나, 누구도 무엇이 예방된 것인지 알 도리가 없다.

11.12 특정 역사적 사건(맥락적인 역사의 흐름과는 다른)으로부터 역사에 대한 판단 혹은 학습을 시도하고 하는 경우 몇 가지 주의해야 할 사항이 있다. 역사상의 사건이 실제와는 달리 진행되었다면, 역사의 진행에 내재된 우연성으로 인해 역사가 실제

어떻게 전개될지에 대해서는 알 수 없다. 가설적 역사인 "대체 역사(alternative history)"가 매우 흥미로운 형태의 사고 실험으로, 역사에 대한 이해를 높일 수는 있으나, 단지 거기까지이다. 따라서 잠재적 광신도가 대규모 살상 능력을 갖추기 전에, 이들에 대해 단호한 예방적 조치를 취하는 것은 어느 정도 정당화될 수 있다.

11.13 사담 후세인이 핵무기를 소지했을 수도 있다는 짐작에 기반해서 진행된, 2003년 서방의 이라크 침공은 "파멸적인 무기를 소지했을 가능성이 있고 정신이 나갔을 가능성이 있는 자"를 어떻게 다룰지에 대한 딜레마에 해당한다. 그러나 우리는 서방이 이라크를 침공하지 않았다면 발생할 가능성에 대해서만 상상할 수 있다. 인류의 잠재적 적에 대응하는 것은 깊은 불확실성으로 인해 큰 어려움이 있다. 이는 인류지도자가 많은 것을 걸고, "일종의 도박"을 하도록 강요한다. 이에 대해서는 27장에서 다루도록 하겠다.

11.14 클라우제비츠와 손자병법은 현재까지 읽을 가치가 있다. 그러나 일부 통찰력이 있는 철학적 고찰을 제외한다면, 인류 재발달세에 있어서 상기한 두 고전은 안보 이슈와 큰 관련이 없다. 새로운 거대 전략 패러다임이 시급하나, 아직 개발되지 않았다. 따라서 인류지도자는 인류의 적에 의해서 유발되는 새로운 상황에 적합한 이론을 개발해야 한다. 그 이전에는 어떠한 지적 안전장치 없이 스스로 숙고하고 행동해야 한다.

11.15 원칙적으로 정통성 있는 정부의 지도자는 "인류의 적"은 아니나, 그들의 고질적인 문제는 인류의 적의 그것과 관련이 없지 않다. 이들 정부지도자는 단기적으로 자국에 유익하나 궁

극적으로는 인류 전체에게 해로운 것이 틀림없는 부족적 정책을 택한다. 이러한 사례는 너무 흔해서 쉽게 찾을 수 있다. 예를 들어 기후변화와 관련된 정책을 들 수 있다. 부족주의적인 강대국의 정치지도자는 인류 전체에게 큰 피해를 끼칠 수 있다. 그런 정치지도자에 반대하는 것이 인류지도자의 의무이다. 다만 이를 어떻게 실천할 것이냐 하는 문제는 각 상황에 따라 다를 것이다.

12

12.1 석탄 화력발전소는 다량의 이산화탄소를 뿜어내고 기후 온난화를 야기한다. 일부 영리 기업은 대량살상무기를 합법적으로 판매한다. 생명과학기술자는 변종 바이러스를 만들 수 있는 기술을 소규모 실험실에서 개발하고 있다. 이들이 도덕적 비난을 받아야 할까? 나는 그렇게 생각하지 않는다. 발전소는 최대한 비용효율적으로 전력을 생산하는 것이 역할이다. 영리 기업은 주주를 위해 위해 합법적 이익을 최대화해야 한다. 생명과학기술자는 암의 치료 등을 위해 변종 바이러스를 만들 수 있는 기술을 개발한다. 이들의 행위가 법의 테두리 안에서 행해지는 한에서는 이들 중 누구도 의무에 태만하거나 비도덕적이라는 이유로 책임을 물을 수 없다.

12.2 윤리론은 "맡은 바 직분을 넘어서는" 바람직한 행동을 일컫는 "선행"이란 개념을 포함한다. 우리는 일반적으로 법적으로 요구되는 것이 아닌 도덕적인 선행에 대해 높은 가치를 부여한다. 그런데 어떠한 윤리 체계도 선행을 유도할 수 없다. 또한 어떠한 인류정책도 도덕적 의무를 넘어서는 선행을 이끌 수 없다. 선행을 하지 않는다고 위법이 되는 것은 아니다. 선행을 하지 않는다고 비도덕적이라고 비난할 수도 없으며, 무모

하거나 태만하거나 혹은 잘못을 범한 것으로 간주할 수도 없다. 초위험을 유발하는 행위를 방지하거나 혹은 감소시키기 위해서 단순히 선행에 의지할 수 없다. 이를 위해서는 인류정책의 원칙을 명료하게 정의해야 하며, 그 대상을 규정하고, 실천력을 확보해야 한다. 이를 통해 인류정책의 원칙은 운영규범과 법령으로 상세 규정될 수 있다.

12.3 대량살상 바이러스가 실험실에서 유출되는 것을 완벽하게 예방하는 것은 어렵다. 핵무기 설계서가 인터넷에서 떠돌아다니는 것과 열대우림을 불태우는 것 등을 방지하는 것은 불가능하다. 다만 그러한 행위가 사회가 수용한 규범에 묵시적 혹은 명시적으로 반하여 공식적으로 금지되는 경우에는 그 위반 행위를 적법하게 처벌해야 한다. 따라서 인류보호라는 도덕적 개념과 함께 법령이나 혹은 다른 형식적 기준에 의해 명확한 행동 강령을 개발하고, 이를 전세계에 확산하는 것이 중요하다. 혹은 적어도 "공직을 담당한 자에게 적합한 행동 기준"과 같은 다소 공통적으로 이해할 수 있는 형식적 기준이라도 개발하고 확산시켜야 한다. 이를 통해 미래에 이들 형식적 기준이 "생명과학기술자의 적합한 행동 기준"이나, "정치 지도자의 적합한 행동기준"으로 진화할 수 있도록 해야 한다.

12.4 명백하고 "명료한" 정치지도자 등의 의무를 고려하면, 고의는 아니라 하더라도 방지할 수 있었던 의무 위반은 일종의 태만이다. 인류의 안전이 위험하다고, 그 원인이 되는 태만의 책임이 있는 당사자가 인류의 적이 되는 것은 아니다. 그러나 태만에 따른 결과가 심각하다면, 그들의 태만은 처벌이 필요

한 '무모함'이 된다. 그러나 인류를 위험하게 하는 무모한 태도를 줄이기 위해서는, 위에서 언급한 수단 이외에도 다음과 같은 것이 추가로 요구된다. (1) 의무의 범위 명료화 (2) 꾸준한 훈련과 지도 (3) 감시 그리고 (4) 위반행위에 상응하는 제재.

12.5 선의에 의지하는 것은 좋기는 하지만 그것만으로는 충분하지 않다. 위험한 지식이나 물질을 다룰 때 특별한 주의를 기울여야 하는 것은 도덕적 의무이나, 그것으로 충분하지 않다. 초위험에 해당하는 그 어떤 것을 다룰 때, 무모함을 최소화하기 위해서 그 동기를 강화할 뿐만 아니라, 다수의 자동화된 보호장치가 필요하다. 이외에도 그 실행을 강제할 수 있는 구체적 행동 강령도 필요하다.

12.6 인류의 역사가 반복하여 가르쳐주는 것은 인간은 실수를 범하기 쉽다는 것이다. 따라서 어떠한 제도와 체계도 완벽하지 않다. "인간은 실수한다" 초위험의 원인이 되는 지식과 도구를 줄이는 것이, 인류가 야기하는 자기 파멸에 대한 보호장치라는 인류정책의 원칙이 옳다는 것을 다시 확인시킨다. 인간이 언제든 실수할 수 있다는 것은 위험한 지식과 도구를 생산하는 것과 그 사용에 대해 엄격하게 제약해야 함을 의미한다. 이는 인류를 스스로부터 보호하기 위한 가장 중요한 기준이 될 것이다.

13

13.1 "온화한" 기술진보와 "급격한" 기술진보 사이의 구분이 모호하기는 하나, 나는 이들을 구분할 것을 제언한다. 온화한 기술진보는 질병에 대항하는 면역력을 증가하거나, 인간의 장기를 재생산하거나, 인류의 기대수명[1]을 어느 정도 연장하는 것과 같은 것들이 해당한다. 이들 온화한 기술은 인류가 가진 현재의 특징과 속성에 약간의 변화를 주는 정도까지의 기술이다. 이에 반해 급격한 기술진보는 인지능력의 급격한 강화,[2] 두뇌와 컴퓨터가 원격에서 직접적으로 접속하는 기

---

1) 일부 수명 전문가는 2018년 2월 현재 인류 중 최초로 1,000년을 살 사람이 이미 태어났다고 주장하기도 한다. 일부 의견은 20년 이내에 인류가 다시 젊어지는 역노화 기술을 개발할 수 있을 것으로 주장한다. 이러한 기술 전망에는 상당한 과장과 잡음이 동반된다. 그러나 기후변화 등으로 인해 인류의 수명이 줄어들지 않는다면, 인류의 기대수명과 기대여명이 상당히 늘어날 것은 틀림없다. 이 극단적 수명 연장은 인류에게 축복일까? 정치, 경제 및 사회가 준비되지 않은 상태에서 기대수명의 빠른 증가는 대재앙이 될 것임에 틀림없다.

2) 현재의 기술로도 수정란의 유전자 편집이 가능하다. 이를 통해 인지능력 즉, IQ를 극단적으로 높일 수 있고, 유전병을 사라지게 할 수도 있다. 아름다운 외모에 이상적 키와 몸매를 가지게 할 수도 있다. 이러한 기술을 일반적으로 사용하게 되면, 인류 사회는 감당할 수 있을까? 유전자의 편집이 어떤 예치기 못한 위험을 야기할지도 모르지만, 그렇지 않다 하더라도 유전자가 편집된 신생 인류는 그렇지 않은 인류를 같은 인류로 대우해줄까? 벽 건너에 있는 동네 사람을 차별하는 우리는 신생인류에게 차별을 받는다 하더라도 할 말이 없을 수도 있다. 어떻든 인류는 아직 그 정도로 정신적으로 성숙하지 못했다. 여러 가지 이유로 인

술,[3] 두뇌의 인터넷 직접 연결[4] 기술 혹은 지식 칩을 두뇌에 이식할 수 있는 기술[5] 등을 의미한다.

13.2   사소한 기술진보조차 심각한 사회적 분열을 야기할 수 있다. 인류의 기대수명을 건강한 120세로 연장하는 것은 출생률에 영향을 미칠 수 있다. 모든 연금 체계가 붕괴될 것이고, 세대 갈등은 폭력으로 진화할 것이다. "제2의 인생경력", "제2의 인생"이 사회제도화될 것을 요구하고, 레저 패턴 등을 변화시킨다. 그런 문제점들은 관리할 수 있다. 이들 문제는 재난을 야기하거나, 혹은 문명을 붕괴시키지는 않는다. 또한 종말론적 광신자를 자극하여 인류의 생존을 위험하게 하지도 않을 것이다.

13.3   앞에서도 언급한 것으로, 200살까지 기대수명이나 기대여명

간의 수정란에 대한 유전자 편집은 지양되고 있기는 하다. 그리고 2017년 최초로 유전병 치료를 위해 인간의 수정란에 대한 유전자 편집이 시행되었다. 2018년 후천성면역결핍증에 면역을 주기 위해 수정란에서 유전자 편집을 한 설계된 아이(Designed Baby)가 태어났다.

3) 인간의 뇌를 원격지 로봇과 연결하는 것은 이미 성공적으로 구현되었다. 인간의 뇌파를 읽어서 원격지의 로봇에 신호를 보내는 것은 기술의 비약적 발달은 아니다.

4) 맹인에게 인공시각을 주는 기술은 이미 개발되었다. 인간의 꿈을 화상으로 기록하겠다는 시도는 아직 성공을 거두지 못했으나, 의욕적으로 추진되고 있다. Brain to Computer Interfaces(BCIs)는 다양한 사업성이 있다. 이 때문에 테슬라와 SpaceX의 대표인 엘론 머스크(Elon Musk)는 2016년 설립된 BCIs 전문회사인 Neuralink를 2017년 인수했다. Newralink 사는 인간의 뇌에 아주 가는 전선을 연결하여 뇌에서 신호를 직접 읽거나 혹은 뇌에 직접 신호를 주겠다는 의욕에 찬 시도를 하고 있다.

5) 지식을 뇌에 직접 이식할 수 있는 실마리를 찾은 상태다. 다만 이를 인간을 대상으로 하는 데는 아주 많은 시간이 걸릴 것으로 보인다. 그런데 양자역학, 초끈이론 혹은 한국사나 후기구조주의와 같은 지식을 뇌에 직접 이식하는 것이 가능할지는 명확하지 않다. 가능하더라도 이를 구현하는 데는 많은 시간이 필요할 것으로 예견된다.

을 연장시키는 기술6)의 급격한 발전을 생각해보자. 생명연장 시술이 너무 비싸서 부자만이 그 혜택을 받을 수 있다면, 이로 인한 도덕적, 사회적, 정치적 문제는 훨씬 심각할 것이다. 나는 그러한 기술의 혜택을 모든 사람이 받아야 한다고 생각하는 편이다. 만약 모든 사람이 200살까지 살 수 있는 혜택을 받을 수 없다면, 노벨상 수상을 기준으로 하는 등 대부분의 사람들이 공정하다고 받아들일 수 있는 기준을 정하고, 그들이 우선적으로 생명연장의 혜택을 받도록 하는 것이 좋은 생각이다. 혹은 추첨으로 생명연장 시술을 받도록 하는 것도 하나의 방안이 될 것이다.

13.4 생명연장 기술이 누구나 접근이 가능할 정도로 비용이 저렴할 때까지, 모든 사람에게 금지하는 것도 추천할 만한 대안이 될 수 있다. 이때 암상인과 불법 구매자에 대한 처벌 규정을 국제적 합의하에 모든 나라가 통일적으로 기술하고 형벌에 처할 수 있도록 해야 할 것이다. 그렇지 않다면, 인간은 두 가지 생물학적 계급으로 나뉘며, 가장 기초적 가치인 공정성과 평등권은 무시될 것이다. 이는 우리 인류의 역사적 경험에 의하면, 대량살상 도구를 활용한 혁명적인 폭력을 불러올 수밖에 없다.

13.5 유사한 이유로 인해, 지적 능력을 비약적으로 증진시키거나, 육체적 능력을 배가하는 등의 급격한 기술개발에 대해서도 위에서 언급한 논리를 적용할 수 있다. 우리의 일부는 급격한

---

6) 기대수명과 기대여명이 200살까지 늘어나는 것이 멀지 않았다는 것이 역자의 판단이다. 드로어 교수가 이야기 한 것처럼 앞으로 50년 후 100년 이내에 일어날 수 있는 일이다. 그렇다면 우리 사회는 어떤 경제 시스템, 가족 규범, 교육 시스템, 정치 체계 등을 준비하고 대비해야 할까?

기술 개발을 통해 이득을 얻고자 한다. 일부 국가는 과학적 혹은 군사적 이익을 얻기 위해 급격한 기술개발을 추진했다. 급격한 기술개발을 자제하도록 하는 윤리 강령을 채택하고 이를 준수하도록 하는 데 있어 전문가에 의존하는 것은 큰 도움이 되지 않는다. 무엇을 금지시킬지에 대해 세계적 합의를 얻는 것은 쉽지 않다. 기술개발에 대한 합의된 제한을 세계적으로 강행하기 위해서는 보다 과감한 조치를 필요로 할 수 있다. 그러나 현실적으로 보았을 때, 나는 대재앙의 발발 이전에 인류지도자가 할 수 있는 것은 많지 않다고 생각한다. 대재앙이 현실화된 이후에야 비로소 이에 대한 조치 방안을 국제적으로 합의할 수 있을 가능성이 크기 때문이다.

14

14.1 현재 진행하고 있는 위험에 대응하는 것에는 적지 않은 문제
가 있다. 기후 온난화가 대표적 사례다. 기후 온난화는 대재
앙을 가져올 수 있다. 그리고 남극 빙하의 빙붕 붕괴로 인해
예상보다 빠르게 대재앙이 초래될 수 있다. 그렇다고 인류가
멸종하지는 않을 것이다. 급격한 인구증가도 진행하는 위험
의 하나가 될 수 있다. 인구증가는 물, 농지와 같은 자연 자
원을 고갈시킨다. 또 극단적 불평등의 심화는 현재 진행하고
있는 세 번째 위험의 사례가 될 것이다.

14.2 기후 온난화로 인해 환경재앙이 눈에 띌 정도로 가혹하다면
세계 정치는 이에 대해 효과적인 방지 조치를 취할 수 있을
것이다. 그때가 되면 기후 변화로 인한 환경 재앙의 일부를
방지하기엔 너무 늦었지만 말이다. 인류 증가는, 인구밀도가
높은 저개발국에서 치명적 전염병 발생과 같은, 말서스 식의
"자연적" 인구증가 억제 과정을 활성화시킬 수도 있다. 그러
나 과학 기술은 지구의 수용 능력을 상당히 늘릴 수 있다. 혹
은 중국의 사례에서 보듯이, 출산제한과 같은 국가 정책으로
인구증가율에 영향을 미칠 수도 있다. 따라서 현재 진행하고
있는 위험이 그 속도가 급격하게 빨라지지 않는 한, 일반적으

로는 대재앙이 되지는 않는다.

14.3 그렇다고 진행하고 있는 위험을 수수방관하라는 뜻은 아니다. 이들 위험으로 인한 인류의 고통을 줄이고 그 위험 수준이 늘어나는 것을 방지하기 위해서 진행하는 위험을 억제해야 한다. 이들 위험을 억제하는 방안은 해당 위험이 가진 특성에 달려 있다. 따라서 기후 온난화를 억제하기 위해서 다양한 방안이 제시되었으나, 이들 모두가 비용이 높고, 현재까지 누려왔던 생활 방식의 변화를 요구하기 때문에, 격렬한 반대를 불러왔다.

14.4 전세계 인구가 2017년 75억 명에서 2100년 110억 명으로 증가할 것으로 예견된다. 인구증가의 대부분은 아프리카의 저개발국에서 일어날 것으로 보인다. 이러한 인구증가를 억제하기 위해 출생률을 줄이려면 여성에 대한 집중교육과 피임기구의 공급을 위시하여 지속적인 노력이 필요하다. 혹은 중국 사례와 같이 1자녀 출생의 엄격한 실행도 고려해야 한다. 그러나 출산이 종교와 관련이 있고, 출산율을 낮추기 위한 수단에 대한 저항감으로 인해 인구억제가 어렵다. 따라서 인구증가는 기후변화와 비교한다면 더 가혹한 결과를 가져올 가능성이 있다.

14.5 부의 불균형은 2008년 이래로 지속적으로 악화되었다. 지구 상위 1%가 전체 부의 약 50% 차지하고 있다. 세계에서 가장 부유한 억만장자 62명이 세계 인구의 하위 50%가 가진 부와 같은 정도의 부를 소유하고 있다. 중국 및 일부 아시아 국가의 급격한 발전으로 인해 세계적 불평등이 완화되고 있기는 하나, 방글라데시 및 다수의 아프리카 국가와 서방 국가 간의

임금과 삶의 질 차이는 여전히 극심하다.[1)

14.6 도덕적 측면에서도 이러한 부의 불평등이 나쁘기는 하나, 인류 전체를 위험하게 하는 것 같지 않아 보일 수도 있다. 그러나 이는 착각에 불과하다. 극단적인 부의 불평등으로 인해 극빈층이 확대되면, 대중 매체와 인터넷에 용이한 접근성으로 인해, 폭력적 혁명의 개연성이 높아진다. 최빈국조차도 대량 살상 수단을 획득할 수 있다. 대규모의 폭력이 있어야만 부의 재분배가 가능했던 인류의 역사적 교훈을 고려한다면, 대재앙의 위험은 더욱 높아진다.

14.7 극단적 부의 불평등을 완화하기 위한 방안은 다양하다. 전세계의 조세 천국을 폐쇄하고, 세법을 엄격하게 집행하는 것과 함께 과세 구조를 변혁하는 것이 그 중의 하나이다. 그런데 경제적 부는 경제적 권력뿐만 아니라 정치적 권력을 제공한다. 정치적 권력을 가진 부자는 그들의 부와 권력을 유지함은 물론이고 더 많은 부와 권력을 가지고 싶어한다. 이 때문에 현재의 정치 체계로는, 극단적인 부의 불평등을 완화하는 데 필요한 적극적인 조치를 취할 수 없다. 따라서 부의 불평등은 사회정치적 변혁 없이는 어떻게 할 수 없는 진행하는 위험에 속한다. 베네수엘라 사례[2)가 보여주듯이, 혁명적 정치체제의

---

1) 양극화 지수는 지속적으로 악화되고 있는 상황이다. 플랫폼 경제는 양극화를 보다 악화시킬 것으로 보이며, 양극화가 국경을 넘어서 진행되게 할 것이다. 플랫폼 경제는 글로벌 경제의 기반이 되고, 부의 국가간 이전이 보다 용이해지기 때문이다. OECD의 2016년 기술 트렌드 보고서에 따르면 대한민국의 경우 2015년 상위 10%가 전체소득 중 47%의 소득을 차지했는데, 2060년에는 더욱 악화되어 상위 10%가 약 65%를 차지할 것으로 예견했다. 이러한 예견은 과거 데이터를 분석하여 추세분석을 한 것이므로, 그 신뢰성이 높지 않다. 그러나 우리가 현재 아무것도 하지 않는다면, 양극화는 이보다 더욱 악화될 수 있음을 주지해야 한다.

변화로만 충분하지 못하다. 폭력적 혁명에 대한 두려움으로 부자가 부의 재분배에 동의하게 함으로써, 문명의 붕괴 없이 부의 불평등을 완화하는 방안을 아는 탁월한 정치인이 필요하다.

14.8 진행하고 있는 위험이 그 진행 속도를 급격하게 바꾸기 이전에 이들 위험을 제대로 처리하지 못하는 어리석음을 우리는 부의 불평등뿐만 아니라, 다른 진행성 위험에서도 동일하게 범할 수 있다. 전쟁을 하기 전에, 전쟁에서 이겨야 한다는 중국의 고전적 전략3)을 여기서 적용하기 어렵다. 나아가 인류 지도자에게 제언하고 싶은 것은, 진행하는 위험에 대해 항상 주의를 기울이고, 이들 위험으로 인한 위기 상황을 잘 활용하라는 것이다.

---

2) 베네수엘라는 1998년 좌파인 우고 차베스가 대통령으로 당선되면서, 빈민층에게 다양한 혜택을 시행했다. 풍부한 석유매장량을 자랑하는 베네수엘라는 석유 국유화를 통해 고유가로 많은 돈을 벌었고, 이를 사회복지와 평등정책 등을 시행했다. 이를 통해 빈곤율을 많이 줄일 수 있었다. 차베스가 죽은 후 니콜라스 마두로가 그의 정책을 계승했다. 셰일 가스 발굴 기술의 개발에 따라 2014년 유가가 갤런당 100달러에서 30달러로 폭락하고, 미국의 견제가 있게 되자, 베네수엘라의 정책은 지속가능하지 못했다. 베네수엘라 수출액의 96%를 석유가 차지했다. 베네수엘라의 경제는 파탄했고, 국민은 생필품도 구하기 어려운 상태에 처했다.

3) 드로어 교수는 손자병법 제3장 모공편(謀攻篇) 등을 언급하는 것으로 보인다. 모공편에서 손자는 싸우지 않고 이기는 것이 제일이라고 했다.

94

15

15.1 제2대 UN 총장이었던 다악 함마휄드(Dag Hammarskjöld)[1]는 "생지옥을 방지하라"라고 했다. 그의 말을 조금 바꿔서 말하자면, 생지옥의 가능성을 줄이는 것이, 비록 그것이 대재앙의 가능성 자체를 방지하는 것보다는 부족하지만, 인류정책의 최우선 원칙이 되어야 한다. 실제 지구상에 많은 생지옥이 존재한다. 우리 인류에게는 생지옥을 만드는 경향이 있다. 따라서 우리가 가까운 미래를 향해 할 수 있는 것은 생지옥의 가능성을 최대한 줄이는 것이다.

15.2 이와 관련하여 의미심장한 진전이 있다. 진전의 일부는 과학과 기술의 유익한 성과로 말미암은 것이다. 다른 일부는 국제적 노력의 결과로 UN의 2000년 수립된 밀레니엄 개발 목표와 2015년 수립된 지속가능발전목표(SDGs)[2]가 합의된 것이

---

1) 스웨덴 외교관 출신이며 제2대 UN 총장을 역임했다. 1905년에 태어나 1961년 사망했다. 47세에 UN 총장으로 선출되었고, 1961년 콩고(현재 잠비아) 내전의 종전 협상을 위해 비행기로 이동 중 비행기 사고로 사망했다. 사고의 원인은 밝혀지지 않았으며, 총격으로 인한 비행기 사고로 짐작된다. 사후에 노벨 평화상을 받았다.

2) 2015년 UN은 2030년까지 달성할 17대 목표를 수립했다. 17대 목표는 상호 연관된 것으로 다음과 같다.
빈곤의 종료, 굶주림의 소멸, 건강과 웰빙, 양질의 교육, 성평등, 맑은 물과 위

다. 그러나 더 많은 것이 필요하다. 전쟁을 중지시켜야 하며, 대량살상 행위를 제거해야 하고, 난민을 줄이는 동시에 이들을 돌봐야 하며, 현존하는 노예제를 근절해야 하고, 비참한 빈곤을 종식시켜야 한다.

15.3 시리아는 생지옥을 방지하는 데 실패한 비극적 사례에 해당한다. 우리는 이를 통해 많은 것을 배울 수 있다. 2011년부터 2016년까지 소위 "민간인 전쟁"에서 살해된 사람은 25만 명에 달했으며, 4~5백만 명에 이르는 난민이 발생했다. 시리아의 대부분 지역에서 시리아인들은 극단적 고통에 시달리고 있다. 이로 인해 이슬람 국가(IS)의 일시적 확대와 이라크의 폭력이 증가와 같은 "부작용"도 수반되었다. 시리아 난민이 유럽에 유입됨에 따라, 유럽에서는 부족주의적 국가주의가 유행하고 있다. 정치지도자는 무엇을 해야 할지에 대해서 결정하지 못하고 있다. 미국과 러시아와 같은 거대 강국이 시리아 내전에 연관되는 것은 보다 심각한 위험을 초래했다. 요약하면, 시리아는 UN의 선언과 결의에도 불구하고, "생지옥의 예방과 생지옥으로부터의 보호"에 대해 완벽하게 실패한 사례다.

15.4 나는 제2차 세계대전 직전에 오스트리아에서 태어났다. 당시 독일의 나치가 만든 생지옥의 직전까지 경험했기 때문에, 내가 편향되어 있을 수 있음을 고백하겠다. 그러나 나는 나의 주장에 대해 확신이 있다. 생지옥을 완화하기 위한 인류정책의 원칙을 실현하는 데는 단호한 조치가 필요하다. 그러나 기

생, 저렴하고 깨끗한 에너지, 양질의 일자리와 경제 성장, 산업혁신 및 기반시설, 부의 불평등 완화, 지속발전 가능한 도시와 공동체, 책임 있는 소비와 생산, 기후 변화, 수중 생태계 보존, 육지 생태계 보존, 평화 사회 구현 및 정의롭고 강력한 제도 구축, 지속가능발전목표 달성을 위한 협력체계

존의 "세계 질서"는 인류정책의 요구에 비해서 상대적으로
용이한 것조차도 실천할 수 있는 역량이 없는 것이 현실이다.
이는 미래에 대한 안 좋은 징조이다.

16

16.1 영향력 있는 과학자가 앞으로 빠르면 50년 늦어도 100년 안에 실현 가능할 것으로 판단되는 다음과 같은 과학기술의 발전 현황을 지켜보아야 한다.

- 실험실에서 단세포 혹은 다세포의 생명체 합성

- 준 생명복제 기술과 같은 것을 이용하여, 소위 "멸종 종의 복원" "부활 생물학", 혹은 "종 부흥운동"으로, 멸종한 생물체 중의 일부를 복원

- 인간 복제

- "영적 기계"로 진화할 수도 있는, 강인공지능[1] 로봇 개발

- 인류를 호모 슈피리어나 사이보그(인공두뇌 유기체의 줄임말)로

---

1) 인공지능을 강인공지능, 약인공지능 혹은 일반 인공지능, 특수 인공지능 등으로 나눈다. 강인공지능과 일반 인공지능은 인간과 같이 다양한 일을 할 수 있는 인공지능을 의미한다. 운전을 하고, 책을 읽으며, 음성을 인식하고, 화상으로 사물을 구분하며, 판단 등의 다양한 일을 할 수 있는 인공지능이 강인공지능 혹은 일반 인공지능이다. 이에 반해 약인공지능 혹은 특수 인공지능은 특정한 일만 할 수 있는 인공지능을 의미한다. 구글의 알파고는 바둑만 둘 수 있는 인공지능에 불과하다. 아마존의 알렉사는 음석인식, 자연어처리 등의 복수의 인공지능이 연결되어 있는데, 약인공지능의 하나다. 강인공지능 혹은 일반 인공지능의 출현에 대해서는 의견이 나뉜다. 대부분의 의견은 21세기에 출현하기 어려울 것으로 예견한다. 그러나 인공지능 전문가의 다수는 금세기 안에 일반인공지능이 출현할 것으로 보고 있기도 하다.

전환할 수 있는, 인류의 유전자 편집기술이나 인체용 기계에 대한 기술개발

- 분자공학을 이용한 나노 물질 기술
- 무제한에 저렴하고 환경친화적이지만 종말의 날의 무기가 될 수도 있는 핵용합 기술의 개발
- 태양계 외행성에 지성체의 존재 가능성을 확인할 수 있는 "신호" 수신
- 침팬지의 지능을 향상시키는 유전공학
- 인간을 냉동인간과 같은 기술로 보존하고, 먼 미래에 해동하여 다시 깨우는 기술
- 실제와 같은 현실감을 제공하며, 용이하게 인터넷에서 접근할 수 있는 가상현실 기술. 그 기술이 성숙하는 경우 많은 사람이 아바타로 자신의 삶을 가상현실에서 보내기를 원할 수 있음
- 현대 문명의 근간이 되고 있는 컴퓨터, 로봇 및 인공지능의 알고리즘을 멈추게 하거나 혹은 오작동을 일으킬 수 있는 대규모의 사이버 공격으로서의 "논리 폭탄"의 개발. 논리 폭탄은 소규모의 탁월한 컴퓨터 해커에 의해 개발되고 이용될 수 있으며, 이를 통해 주요 강대국의 정규군 이상의 사이버 군사력의 확보가 가능

16.2 인간의 의식을 나노 컴퓨터에 업로드하거나 혹은 외계생명체가 지구에 방문하는 것과 같은 다소 급진적인 가능성에 대해서는 여기에서 언급하지 않겠다. 이미 위에서 언급한 "상상하지 못한 미래 가능성" 중의 단 하나만으로도 앨빈 토플러의 "미래의 충격"보다 더욱 큰 충격을 줄 수 있다. 그리고 상기한 기술의 실현은, 현재 수행되고 있는 연구 기술 개발에 대한 적절한 제한을 하지 않는 경우, 예측 가능한 멀지 않은 미

래에 가능하다.

16.3 진화이론에 따르면, 상기한 기술 개발은 스티븐 제이 굴드의 아이디어와 동일한, 가속화된 "단속 평형이론"[2]의 예외적 사례에 해당한다. 일부 신학자는 이러한 기술 개발을 신이 결정한 창조의 과정에 인간이 참여한 것으로 볼 수도 있다. 일부 철학자는 이들 기술 발전이 진화가 목적론적으로 진행됨을 입증하는 것이라고 생각하거나, 혹은 이와 유사하게 생각할 수도 있다. 그러나 신학자와 철학자 등의 고상한 해석과 성찰이 대중의 반응에 영향을 미치지는 않을 것 같다. 대부분의 인류는 균형감을 상실하고, 전통적인 믿음체계를 잃게 될 가능성이 크다. 혹은 이와는 반대로 대중이 전통적 믿음을 보다 근본적 믿음으로 전환하여 집착할 가능성도 없지 않다. 자기이해, 메타 윤리, 과학기술에 대한 신뢰 및 인간의 생명의 신성함 등은 인류가 그동안 수립한 믿음체계다. 그러나 상기한 기술발달로 인해 그러한 믿음 체계는 흔들릴 가능성이 크다.

16.4 낙관적 전망도 존재한다. 비교적 짧은 위기 이후, 우리 인류는 새롭고 높은 차원으로 도약하여 스스로에 대한 이해를 높이고 높은 도덕 수준에 도달할 수도 있다. 그러나 안타깝게도 비관적 전망이 실현될 가능성이 높다. 과학기술이 발전하지 못하고 정체할 수 있다. 맹목적 광신도는 "죄악의 원인"인 인류를 지구상에서 제거하려고 시도할 수도 있다. 현재로서 확실한 것은 상기한 기술 개발로 인해 세계 전역에 혼란이 야

---

2) 단속 평형이론은 유성 생식을 하는 생물 종이 진화를 하는 양상은, 대부분의 기간 동안 큰 변화 없는 안정기와 비교적 짧은 시간에 급속한 종분화가 이루어지는 분화기로 나뉜다는 진화 이론이다. 스티븐 제이 굴드와 닐스 엘드리지가 1972년 「단속평형」을 발표했다(한글 위키피디아).

기되고 인류가 극심한 고통을 겪을 것이다.

16.5 위에서 언급한 만일의 사태에 대비하기 위해, 인류가 보다 성숙할 때까지 연구와 기술 개발을 연기하는 것이 가장 좋은 생각일 수 있다. 그러나 재난이 실제로 발생하여, 인류가 과학기술의 위험성을 명확히 인지하고 스스로가 아직은 미성숙하다는 것을 깨닫기 이전에, 이런 제안이 실행에 옮겨질 가능성은 크지 않다. 나는 그 가능성이 매우 낮음을 일찌감치 깨달았다. 따라서 인류지도자에게 가장 먼저 수행해야 할 일은, 과학과 기술이 앞에서 나열한 방향으로 발달하고 있는지 면밀하게 관찰하는 것이다. 이들 기술이 극단적 사고를 유발할 가능성이 예견되는 경우, 가능하다면 즉각 그 과학기술의 개발 혹은 이용을 멈출 수 있도록 해야 한다. 이미 과학과 기술에 의해 극단적 사고가 발생한 경우 무엇을 해야 할지에 대해서 사전에 숙고해야 한다. 그 사고로 인해 인류가 받을 심리적 외상을 포용할 수 있도록 정신적으로 성숙하게끔 미리 준비하는 것도 최고 직위에 있는 인류지도자가 맡아야 하는 고유의 직무이다. 여기에는 영적 문화지도자와 탁월한 인본주의적 사상가도 참여해야 한다.

17

17.1 "파국"이란 인류가 인류 재발달세로 이행함에 따라 수반될 수
밖에 없는 심각한 위기를 의미한다. 중산층은 일자리를 잃게
될 것이고, 인공지능 로봇이 기존 사무직의 일자리를 대체함
에 따라 빈곤층에 합류할 수도 있다. 부자는 의료시술을 통해
서 더 오래 살게 되나, 이에 반해 보통 평상의 사람은 젊은
나이에도 죽게 될 수도 있다. 이로 인한 충격과 파국으로 인
해, 급격한 사회적 위기에 더해서, 생존이나 안전의 욕구와
같은 저차원의 기본욕구는 유아적인 욕구로 퇴행할 가능성도
없지 않다. 따라서 기존의 역사적 흐름의 지속성이 끊어지고,
광범위하게 받아들여졌던 사회적 규범과 기대가 무너지는 것
을 표현하는 데 적합한 단어가 필요했다. 그래서 나는 "위기"
보다 더욱 강력한 용어인 "파국"을 사용했다.

17.2 파국에 대응하여 응급조치가 필요하다. 가급적이면 파국적 상
황에 대해서는 사전에 준비해야 한다. 생존에 필수적인 물질
적 지원은 반드시 사전에 준비해야 한다. 노력과 희생을 바탕
에 둔 연대의식과 공정한 공유가 필요하다. 적을 비난하는 대
신 보다 나은 미래를 위한 역사적 변혁을 위해 파국의 원인
과 과정 및 결과를 명료하게 이해하는 정신적 성찰이 필요하

다. 보다 나은 미래로 나아가는 가시적이고 구체적 계획이 필요하다. 법과 질서를 준수하고 유지하기 위한 강행력이 필요하다. 그리고 이들 분명하고 명백한 의무를 여러분이 기꺼이 수행할 수 있도록, 역경을 같이 공유하고 인류를 안내할 수 있는 정치적 지도자와 영적 지도자가 필요하다.

17.3 장기적인 관점에서는 인류정책 중 많은 것을 실행하기 위해, 여러분은 파국을 적절하게 활용해야 한다. 잘 다룰 수 있다면, 파국은 단순한 파국에 그치지 않고 창조적 파괴의 역할을 담당할 수 있다. 이미 수행되었어야 하나, 현상유지에 대한 맹종으로 인해 실행할 수 없었던 인류정책을 파국 이후 실현할 수 있기 때문이다. 파국 이후에만 인류정책의 원칙 중에 많은 것을 실행할 수 있을 것으로 판단한다. 이에 따라 다음의 내용을 강조하겠다. 파국이 일어나고 그 이후 현실주의의 구속이 완화된 이후에야 비로소, 인류정책의 핵심 원칙이 실현될 가능성이 크다. 파국을 인류정책의 실현을 위한 지렛대로 활용하기 위해서는 사전에 이에 대해 준비해야 한다. 이는 인류지도자의 중요한 직무이다.

17.4 예측하기 어려운 비상사태에 대비하고, 앞에서 언급했듯이 파국을 지렛대로 활용하기 위해서, 인류지도자는 상상력을 키워야 하며, 가설적 사고력을 키워야 하며, 과거의 통계에 기반한 예측과는 다른 예측을 하는 사고실험을 해야 하며, 즉각적 대응역량을 키워야 한다. 인적 물적 자원을 효율적으로 사용하고, 위기를 잘 대응할 수 있는 전문지식을 지닌 어느 정도 규모의 팀을 구성하고 유지하는 것도 필요하다. 그런데 파국이 도래하여 이러한 사전준비가 정당화되기 이전에는, 이

들 준비행위는 쓸데없는 짓으로 여겨질 것이다. 파국이 올 수도 있고, 오지 않을 수도 있다. 또는 여러분이 대비한 것 이상으로 올 수도 있다. 이러한 불확실성은 인류지도자가 미래에 대한 불분명한 도박에 참여한 것이므로 당연히 감당해야 할 위험이다.

18

18.1 인류로부터 인류를 구원하기 위해서는, 개인의 자유와 연구의 자유를 제한해야 한다. 전지구 차원에서 인권의 일부를 침해하는 감시체계를 어느 정도 용인해야 하며, 개별 국가 주권이 약화되는 것을 수용해야 하고, 기타 가치관의 고통스러운 변화도 받아들여야 한다. 이에 대해서는 다음 장에서 자세하게 다루겠다. 이와 동시에 자유와 권리 등에 대한 제한 등의 희생을 상쇄시키고, 개인과 집단 및 사회의 자유가 내재적 한계 내에서 최대한 확장될 수 있도록 해야 한다. 이를 위해서 개인과 집단이 자아실현을 할 수 있는 기회가 제고되어야 하며, 이와 관련된 인류정책의 원칙을 제언하겠다.

18.2 7장의 9~10절에서 밝혔지만, 내가 인류정책의 목표에 "행복의 극대화"나 "쾌락"을 포함시키지 않았다. 이를 지나쳐서 보지 말기를 바란다. 인류정책의 목표에 행복의 극대화 등을 포함시키지 않은 이유에 대해서는 앞에서도 썼으나, 3개의 이유를 더 제시하겠다. (1) "행복"과 "쾌락" 등에 대해 어떠한 객관적 "사상"이나 "정수" 같은 것이 존재하지 않는다. 뇌의 쾌락 중추를 스캔한 결과 밝혀진 것은 내용이 아니라 증상에 불과하다. (2) 가치의 근본으로 "행복"과 "쾌락"을 두는 것은

107

인류를 보다 높은 삶의 가치를 결여한 단순한 동물로 전락시킬 수 있다.[1] (3) 사람을 행복하게 하는 최적의 방안은 쾌락 중추가 항상 행복을 느끼고, 죽는 순간까지 행복하게 죽을 수 있도록 공기 중에 화학물질을 분산하는 것이다.[2] 그런데 이는 인류정책으로서 해야 할 일이 아님은 분명하다.

18.3 인류의 관점과는 다르면서 더욱 중요해진 것은 주관적인 느낌에만 치중하려는 개인의 과잉 경향이라고 볼 수 있다. 인류의 장기적 번영이 더욱 중요하다는 관점에서 본다면, 개인 행위가 "인류의 효용성의 극대화"를 위해 이바지하도록 하는 것이 중요하다. 그런데 이는 그 자체로 지나치게 "집단주의적"이다. 따라서 개인주의적 관점과 집단주의적 관점이 상호 보완적이 될 수 있는 인류정책의 원칙이 필요하다. 이는 인류정책의 원칙 중 하나인 "확장된 자아실현 기회"에 의해 충족될 수 있다.

18.4 자아실현이란 물질주의적이고 쾌락주의적인 인간의 욕망과 결합될 수 있다. 일부다처제, 일처다부제, 다부다처제 혹은 다양한 형태의 공동체에 참여함으로써 그러한 욕망은 충족될

---

1) 영국의 공리주의자인 존 스튜어트 밀은 "만족한 돼지보다, 불만족한 인간이 되는 것이 더 좋다. 만족한 바보보다, 불만족한 소크라테스가 되는 것이 더 낫다"고 했다. 밀레니얼 세대는 밀의 주장에 대해 너무 진지하다고 비판할 수도 있다. 그러나 지나친 진지함은 지양해야 하나, 진지함이란 스스로를 돌아보고 자아실현을 할 수 있는 출발점이다. 역자는 이 시대의 동무인 우리 청소년이 더 많이 진지해도 된다고 생각한다.

2) 헉슬리의 「멋진 신세계」에서 "소마"라는 약을 먹으면 행복해진다. 심리학자인 제임스 올즈와 피터 밀너는 쥐를 대상으로 행복 실험을 했다. 쾌락을 느끼는 부위에 전극을 넣고 전극을 킬 수 있는 버튼을 쥐가 누를 수 있도록 했다. 쥐는 먹지도 않고, 물을 마시지도 않으며 1시간에 2,000번 버튼을 누르다가 굶어 죽었다. 행복이란 무엇인가가 만족된 상태가 아니라, 불만족한 상태가 없다고 정의되는 이유가 여기에 있다.

수도 있을 것이다. 자발적이고 타인에게 어떠한 해도 끼치지 않는다면, 이는 사람들에게 기쁨과 공동체 의식을 선사할 수 있을 것이다. 그러나 자아실현은 예술적, 과학적 발견을 통해 실현이 가능하며, 아픈 사람을 돌봐주거나, 우주를 탐험함으로써 도달할 수도 있다. 이러한 형태의 자아실현은 인류의 효용성 극대화에 기여할 수 있다.

18.5 자아실현 기회의 확장에 관한 인류정책 원칙은 개인에게 더 많은 "만족"과 아울러 "인류의 효용성"을 함께 달성할 수 있는 다양한 방법을 준다. 필요할 때 다른 형태의 기회를 제공함으로써, 개인의 자유를 필요 이상으로 침해하지 하지 않을 수 있는 대안을 만들 수 있다.

18.6 그렇다고 "개인에게 주어진 선택의 자유"와 "인류의 미래에 대한 고려" 사이에 완벽한 조화가 가능할 것으로 보는 것은 지나치게 낙관적인 생각이며, 우리로 하여금 잘못된 생각을 하게 할 수 있다. 개인은 인류의 적이 되는 것이 금지된다. 인류에게 위험한 연구에 참여하는 것이 금지되며, 인류로부터 인류를 구원하기 위해 개인의 자유를 침해하는 감시에 대해서도 반대할 수 없게 될 것이다. 이러한 제약에 대한 보상으로 개인의 자유는 그것이 인류에게 위험이 되지 않는 선에서 확장될 것이다. 그 일환으로 죽을 권리도 허용되어야 한다는 것이 나의 판단이다. 자유의지가 있는 성인은 일정한 재고려 기간 후에 자신의 삶을 마칠 수 있는 방식을 결정하고 죽을 수 있는 권리가 주어져야 한다. 여러분은 나의 견해에 대해 동의하거나 혹은 반대할 수 있다.[3] 타인을 위험하게 하지

---

3) 역자는 저자의 죽을 수 있는 권리에 대해 조건부 반대를 한다. 앞으로 인류의

않는 한에서, 자아실현 기회의 확장 원칙은 준수되어야 하며, 그 이외의 필요한 제한은 수용되어야 한다.

18.7 자아실현 확장이 있으려면 모든 이에게 더 많은 선택권이 주어져야 한다. 학교 교육, 합리적 수준의 여행,[4] 고급 교육, 가벼운 수준의 개선책 등이 그 예가 될 것이다. 분명하게 밝히건대, 물질적 요구에 대해서는 적절한 만족이 우선되어야 한다. 모든 이가 일정한 기간 동안 의무적으로 "인류의 공공 가치에 복무"하는 것과 같은 기초적인 시민의 의무를 이행하는 경우, 최저 임금을 보장하는 것과 같은 개정된 "인권"이 보장되어야 한다.

18.8 전통적 삶으로부터 벗어나서, 어떻게 살아야 할지에 대한 선택의 자유를 충분한 준비 없이 주는 것은 지나친 부담이 될 수도 있다. 어떤 사람은 존재론적 불안감에 빠질 수도 있고, 혹자는 허무주의에 시달릴 수도 있다. 또는 정신적 쇠약으로 고통을 받을 수도 있다. 따라서 자아실현 기회는 서서히 늘어날 수 있도록 해야 한다. 자아실현의 기회를 갈구하는 이들에게는 더 많은 기회가 주어져야 하나, 반면에 이에 대해

수명이 극단적으로 연장될 텐데, 그때에 비로소 우리는 죽을 수 있는 권리를 인정할 수 있을 것이고, 그 기준도 정신적 성숙을 충분히 이룬 나이 이후에 주어져야 한다. 성인이란 개념이 기대수명이 60세 이전에 2세를 낳을 수 있는 육체적 성장을 기준으로 했다는 것을 잊지 말기를 바란다. 또한 드로어 교수가 죽을 수 있는 권리는 '사람답게 죽을 수 있는 권리'와는 다른 것이다. 말기 암 등을 이유로 극단적 고통에 시달리는 환자에게 인간의 존엄성을 유지할 수 있도록 '사람답게 죽을 수 있는 권리'는 일부 국가에서 이미 인정되고 있다.

4) 여행은 인류를 성숙시킨다. 그러나 지구 반대편으로 하는 여행은 현재 기술 수준으로 보자면 지구 생태계에 매우 큰 부담을 준다. IPCC(기후변화에 관한 정부간 패널)에 따르면 항공 여객 및 운송은 전체 기후변화 원인의 5~9%에 달한다고 한다.

110

준비가 되어 있지 않은 사람에게 "던져지듯이" 주어져서는 안 된다.

18.9 자아실현의 기회를 늘리는 것은 종교, 무신론, 불가지론 중에서 자유롭게 선택하라는 것과 같은 보다 어려운 문제를 야기한다. 타인을 억압하지 않는 이상, 우리는 우리 개인의 삶에서 어떤 믿음을 가질지를 선택할 수 있다. 따라서 부모가 자녀를 "교육"할 권리는 축소되어야 하며,[5] 사회적 압력은 제한되어야 한다. 다른 믿음 체계를 탐색할 수 있는 기회와 선택한 믿음을 지지하는 공동체에서 살 수 있는 권리가 주어져야 한다.[6]

18.10 이러한 문제를 다루는 것은 가치지향적 문제로서 정치적으로 접근하는 경우 그 해결은 사실상 불가능하다. 나는 이런 문제들은 가까운 미래에 국가, 지역 문명 및 종교가 맡아야 하는 것으로 생각한다. 그러나 그렇게 한다 하더라도, 이러한 문제는 사회문화의 변혁을 가져올 것이다. 인류 재발달세에 의해 야기될 과학기술 및 경제적 변혁을 고려한다면, 이와 관련된 사회문화의 변혁은 불가피하다. 그러나 안타까운 것은 그 시간 기준이 다르다는 것이다. 과학기술 및 경제적 변혁의 속도가 사회문화적 변혁의 속도에 비해 더욱 빠르다.[7] 그리고 사

---

5) 부모의 자녀에 대한 교육 권리의 축소는 논쟁적이 될 수 있다. 그러나 특정한 종교적 믿음을 자녀에게 강요하는 것은 옳은가라는 질문을 해보자. 부모에게 그럴 권한이 있는가? 이 질문은 다양한 기존의 믿음 체계에 대해 던져질 수 있다. 저자인 드로어 교수는 우리에게 새로운 시각을 제공한다.

6) 이슬람이 국교인 나라에서 태어난 아이는 불교에 대해 탐색하고 불교로 개종할 수 있는 권리가 주어졌을까? 종교 학교에 다니는 고등학생은 다른 종교를 학교에서 배울 수 있는 권리를 보장해야 하지 않을까?

7) 인공지능 및 스마트 로봇 등의 일반화로 인한 기술실업에 대한 우려가 커지고

회문화적 변혁의 속도를 높이려는 시도는 위험한 혁명적 과정을 동반할 수 있다. 그리고 우리 인류의 역사를 되돌아보면, 혁명적 과정이 사회문화적 변혁을 거꾸로 돌릴 가능성이 적지 않다.

18.11 진실한 계몽의 시대가 생각보다 빠르게 등장하고, 인류가 성숙할 것이라고 섣부르게 낙관하는 것은 망상에 불과하다. 이들 변화는 이 비망록에서 제시한 전환의 시대인 50년 혹은 100년 내에 달성되는 것은 어렵다. 따라서 전환의 시대가 도래하기 전까지 인류정책의 원칙에 따를 경우, 그 결과는 혼합된 축복일 가능성이 있다. 사상, 문화 및 과학기술 분야의 엘리트층과 일반적인 쾌락을 탐닉하는 대중과의 차이는 늘어날 것이다.

18.12 그렇다고 이것이 반드시 새로운 "하층 계급"의 등장을 의미하지 않는다. 인류 재발달세에는 정치 경제 시스템을 잘 관리하는 경우 인류에게 모든 측면에서 높은 생활 수준을 가능하게 할 수 있다. 쾌적한 주거지와 풍부한 음식, 다양한 유형의 가족 구성, 동료, 성생활, 오락, 자극적인 활동 참여, 전반적으로 공정한 사회, 적절한 기술발달 등이 인류 재발달세에는 가능할 수 있다. 보다 높은 자아실현의 기회가 확장되는 동시에 자유시장, 학계와 창업가, 영적 지도자에 의해 인류가 높은 생활 수준을 누릴 수 있도록 하는 것이 인류지도자인 여

있는데, 2017년 초의 글로벌 경영전략 컨설팅 사의 하나인 매킨지의 보고서에 따르면 과학기술은 빠르게 진보하나, 법제도와 사회적 시스템의 미비로 인공지능 등에 의한 일자리 대체는 늦어질 것으로 예측했다. 미래변화에 대해서 우리는 사회적 수용의 속도가 과학기술의 속도보다 그리고 경제적 변혁의 속도보다 느리다는 것을 주지해야 한다.

러분의 역할이다.

18.13 여러분에게 제안하는 "공정함"이란 극단적인 부의 불평등의
억제를 포함하여 위에서 제기한 것을 의미한다. 인류지도자
로서 여러분은 인류에게 자아실현 기회를 확대하여 제공하면
서도 공정함이 실현될 수 있도록 최선을 다해야 한다. 여러분
은 이는 단계적으로 진행되며, 기복이 심하고, 상당한 시간이
소요되는 것으로 상당히 어려운 과정을 거쳐야 함을 알아야
한다. 이의 진행 과정 중에 심각한 유혈 충돌이 일어나지 않
도록 주의 깊은 관리가 필요하다.

19

19.1 이 비망록의 여러 곳에서 밝혔듯이, 이러한 가치관의 변화에 대한 요구는 단순하게 가치관을 일부 바꾸는 것이 아니라, 극단적 가치관의 전환을 필요로 한다. 현재의 시점에서 신성불가침으로 여겨졌던 가치관은 가치관 전환 이후 부정되고 폐기될 것이다. 이런 관점에서 보면, 프리드리히 니체는 "선악의 저편: 미래의 철학에 대한 전주곡(Beyond Good and Evil: Prelude to a Philosophy of the Future)"(1886)을 썼을 당시 선견지명이 있었음에 틀림없다. 공공의 의견과 정치적 혹은 도덕적 철학의 많은 것이 과학기술 연구를 제한과 세계적 감시를 허용하는 것으로 수정되어야 한다. 인터넷과 대중 연설에 대한 검열을 허용하고, 인류의 적에 대해 엄벌할 수 있도록 법체계를 마련하고, 글로벌 거버넌스가 결정권을 가질 수 있도록 국가 주권의 제한 등을 공공의 의견과 철학은 고려해야 한다. 동시에 인간 종이 도덕적으로 성숙해지도록 해야 하며, 고급정치를 실현해야 한다. 이에 대해서는 다음 2개 장에서 논하겠다. 여러분은 대중과 철학계가 그 생각을 바꿀 것을 요구해야 하며, 인류를 구원하기 위해 본질적인 것을 논의하도록 해야 한다. 그리고 그 논의 결과를 따라야 한다.

19.2 가치관의 전환에 대해 구체적으로 파악하기 위해서, 최근 "성적 규범"이 꾸준하면서도 최근 급격하게 변화하는 것을 살펴볼 필요가 있다. 역사적으로 보면 지배적 세계 문화가 성적 규범을 바꾸었으나, 최근의 사례는 성적 규범의 변화로 지배적인 세계문화가 바뀌었다. 이 사례를 보면, 인류로부터 인류를 구원하기 위해 가치관의 전환은 급격한 것도, 불가능한 것도 아니다. 그런데 이들은 강고한 기존 전통과 충돌하며, 광범위하게 수용된 기존의 규범을 위배하게 된다. 다른 인류정책 원칙과 같이, 가치관의 전환은 대재앙으로 인한 근본적 변화 이후에만 실현될 수 있다. 예를 들어, 글로벌 거버넌스가 국가 주권에 속하는 일부 사안에 대해 최종 결정권을 가지도록 급박하게 요구되는 경우와 같은 것이 이에 해당한다.

19.3 가치관의 전환은 가장 먼저 인류지도자인 여러분이 가치관의 전환을 해야 한다. 가치관의 전환을 위해서는 기존 가치관의 조정이 필요하다. 주요 사회운동가를 포함하여 다수의 사람의 마음속에 깊게 뿌리 잡은 가치관을 포기하고 대신 새로운 가치관을 받아들일 수 있도록 여러분은 그들에게 믿음을 주어야 한다. 그러한 의미에서, 인류지도자는 정신적 조언자이기도 하다. 이를 성공하기 위해서, 인류지도자는 많은 지원이 필요하다. 특히 현재 위험에 처한 것이 무엇인지를 이해하는 대중에게 존경 받는 세계적 영적 지도자가 필요하다. 그러나 아쉽게도 그러한 영적 지도자가 현재 많지 않다. 영적 지도자의 출현을 촉발하고, 그들과 협력하고, 동시에 그들로부터 학습하는 것이 인류지도자가 가진 책무 중 하나이다.

19.4 그러나 위에서 언급한 지침들은 인류의 지속적 생존과 번영

에 필요한 가치관의 전환을 완전히 이루어 내기에는 부족하다. 우리에게 필요한 것은 "제2의 기축시대"이다. 기축시대란 기원전 800년에서 200년까지의 시대로, 이 기간 동안 유교, 불교, 도교, 짜라투스트라가 등장하여 인류 문화의 토대를 세웠다. 제2기축시대는 제1기축시대보다 빠른 진행을 보일 것이다. 제2기축시대에 인류에게 제시될 내용을 아직 알 수 없다. 다만 여러분은 제2기축시대가 필요함을 알고 있어야 한다.

20

20.1 인류정책의 창안과 그 실천은 이를 실행할 능력과 의지가 있
는 개인과 기관의 노력과 열정에 달려있다. 이들 개인과 기관
을 모아서 조직을 구성하고, 실제 활동할 수 있게 하는 데까
지는 적지 않은 절차와 시간이 필요하다. 그러나 인류지도자
로서 여러분은 필요한 기반을 구축하는 데 있어 핵심적인 역
할을 담당해야 한다. 그러한 역할을 수행한다는 것은 다음의
내용을 실천해야 함을 의미한다. (1) 인류가 스스로를 도덕적
으로 성찰할 수 있도록 강화시켜야 한다. (2) 과학기술의 연
구, 교육 체계, 정책구성에 있어서 인류정책이 반영되도록 해
야 한다. (3) 인류를 미래로 안내하고 이끌기 위한 미래 지도
를 만들고 함양해야 한다. (4) 현재의 정치를 고급정치로 바
꾸어야 한다. 그리고 (5) 효과적인 글로벌 거버넌스가 달성되
도록 해야 한다. 이 중에 (1)에서 (4)까지는 이번 장에서 다
루겠다. 글로벌 거버넌스는 그 중요성으로 인해 별도의 장에
서 논하겠다.

20.2 현대 철학은 사회 과학은 "주체(agency)"에 대해 많이 다루고
있다. 이때 주체란 의지적으로 숙고하고 계획하는 실체를 뜻
한다. 이 주체를 당위적 측면에서 생각한다면, 이를 "도덕적

주체"라 할 수 있다. 주체는 개별적 주체와 집합적 주체로 나눌 수 있다. 학술계에서는 협력적이고 집합적 주체에 대해서 인식하게 되었는데, 이 협력적이고 집합적 주체로는 기업과 국가가 해당한다. 그러나 아직 우리 인류의 조직과 집단은 도덕적 성찰성을 지닌 주체성을 보유하지 않았다. 비록 초보적인 글로벌 거버넌스가 출현했고 세계화가 진행되고 있으며, 집합적 주체성의 방향으로 일부 움직임이 있기는 하나, 조직적이고 집단적인 도덕적 주체성을 확보하기에는 아직 멀었다.

20.3 핵심적인 인류정책을 합법적으로 채택하는 데 있어, 먼저 인류가 조직적이고 집단적인 도덕적 성찰 주체가 되는 것이 필요하다. 현재의 제도에 따르면 인류정책을 채택여부는 해당 권한을 가지고 있거나, 혹은 그렇다고 생각하는 주체에 의해서 진행된다. 경우에 따라서는 부분적으로 권한을 가진 주체가 인류를 대리하거나, 혹은 인류를 위해서 결정을 내리기도 한다. 다만 미래 인류의 요구와 목소리가 그 의사결정에 반영될 가능성은 크지 않다. 그리고 글로벌 거버넌스 기구의 지도자를 제외하면, 현시대의 인류를 대리할 수 있는 권한을 공식적으로 가진 주체는 없다. 이는 인류지도자인 여러분에게 여러 가지 질문을 던진다. 이에 대해서는 이후에 다시 다루겠다.

20.4 인류의 미래에 대한 중요한 선택과 의사결정을 해야 한다면, 이를 수행하기 위한 방식은 매우 다양할 것이다. 전세계 시민 전체의 투표에 의해 직접 결정하는 것도 가능하다. 대의민주주의의 방식으로, 전세계 시민이 우선 글로벌 거버넌스의 정치지도자를 선출하고, 이 정치지도자로 하여금 결정하게 할

수도 있다. "일반 인류 의지"[1]를 구체화하고, 이를 근간으로 하여 인류의 미래를 선택할 수도 있다. 혹은 국제연합(UN)과 같은 국제기구의 정치지도자에게 그 권한을 위임할 수도 있다. 그러나 위에서 언급한 어떠한 대안도, 현재의 정치적 상황과 세계질서에서는 작동하지 못하고 있다. 현재의 국제질서가 인류의 미래에 대해서, 일부 의미 있는 예외가 없지 않지만, 전반적으로 제대로 배려하고 고민하고 있지 않다는 의미다.

20.5 세계 질서가 변혁되기 전까지, 자체적 흐름을 지닌 사회경제와 과학기술, 자발적인 인류지도자, 사회경제적 권력을 지닌 자 및 정치지도자가 서로 뒤섞여서 인류의 미래가 만들어질 것이다. 그런데 이들 중 인류로부터 인류를 구원하는 데 있어서 의지하고 신뢰할 수 있는 존재가 없다. 이들 모두는 인류를 구원할 역량이 없으며, 이 중 일부는 의지조차도 없다. 현재 우리 인류 사회에 일반적 유형의 정치지도자 중 대부분은 소속 국가의 이익만을 추구하는 부족적 성향을 지니고 있다. 이들 대부분은 인류의 미래를 위한 해결책을 찾는 데 어떠한 노력도 기울이지 않고 있다. 이들은 오히려 인류를 멸종에 이르게 하는 문제를 만들고 있다. 자율적인 자유시장과 과학기술은 인류의 미래에 대해 의도하지 않은 영향을 미쳐왔으며, 어떤 경우에는 매우 위험한 영향을 끼치기도 했다. 현재 그

---

1) "일반 인류 의지"라는 개념은 장자크 루소의 "일반 의지"의 확장이다. 루소는 「사회계약론」(1762)에서 국가의 형성에 "일반 의지"가 있다는 가설을 세웠다. 일반 의지란 사회의 모든 사람에게 공유되는 의지를 말한다. 이에 따르면 "일반 인류 의지"란 전 인류에게 공유되는 의지를 의미한다. 그렇다면 "일반 인류 의지"는 미래 인류까지 포함해야 할 것이다.

위험이 점점 더 거대해지고 있는 상황이다.

20.6 소수의 사람이 인류 전체의 미래에 대해 영향을 미치고 있다. 여러분도 이에 대해서는 이미 알고 있을 것이다. 어떤 경우 이들 소수의 사람을 대중이나 정부의 고위직이 일정부분 의지하기도 하고, 이들에 대해서 일정한 제약을 하기도 하거나, 혹은 다수의 압박에 의해 이들이 그 의견을 바꾸는 경우도 있다. 그런데 이들 소수가 인류 전체에 대해 영향을 미치고 있다는 사실은 의도적으로 숨겨지거나 혹은 부인되었다. 그럼에도 명백한 "금기시된" 사실은 한줌에 불과한 소수의 사람이 미래세대에게 가장 큰 영향력을 발휘한다는 것이다. 미래세대에게 인류의 미래가 달려 있는데도 말이다.

20.7 공식적으로는 다수에 의한 지배가 되고 있다고 주장된다. 흔하지는 않으나 가끔 공공의 의견이 분출되어 사회에 큰 변화를 주는 경우도 있다. 그러나 소수에 의해 우리의 미래가 영향을 받는다는 것은 가까운 미래에 바뀌지 않을 것으로 보인다. 그렇다고 포기할 필요는 없다. 적어도 다음의 사항은 충분히 우리가 바꿀 수 있으며, 또한 그렇게 해야 한다.

(1) 다수의 미래에 영향을 미치는 자가 부족주의나 개인적인 이익 등에 치중하여, 인류의 장기적 미래에 해를 끼치는 일의 방지

(2) 인류의 미래에 대한 숙고와 고민을 할 수 있는 총체적 역량이 없는 자가 정치지도자가 되는 것을 예방

(3) 인류의 미래에 영향을 미치는 소수의 사람에게 집단적으로 바람직한 영향을 끼치도록 대중을 조직화하고, 이들 대중이 인류에 대한 중요 사안을 인식하게 하는 일

20.8 인류지도자라는 존재는 앞에서 언급한 (1)과 (2)에 대해서 부

분적으로라도 극복할 수 있도록 고안된 것이다. 그러나 (3)은 매우 중요한 것으로 이를 극복하기 위해서는 인류지도자의 집중적 노력이 필요하며, 더 나아가 다른 미래에 영향을 미치는 사람들과 협력하는 것이 필요하다. 이를 통해서야 비로소 인류는 조직적이며 집단적인 도덕적 성찰 주체로 진화할 수 있다. 이에 따라 "개인으로서의 나", "특정 국가의 시민", "특정 종교의 신도", 혹은 개인적인 영광으로서 "부족으로서의 우리" 대신에 "면면히 이어오는 인류 세대의 한 부분으로서의 나를 포함한 인류 전체로서의 우리"를 생각하는 사람이 늘어날 수 있다.

20.9 곤경에 처한 인류에게 길을 밝혀주고, 인류가 스스로의 문제를 함께 숙고하게 하기 위해서는, 인류지도자가 현재 할 수 있는 것을 먼저 해야 한다. 인터넷 강좌에서 정신적 역량을 키우는 강의를 개설하는 것도 좋은 대안이다. 중국의 마오쩌둥이 말했듯이, "천 리 길도 한 걸음부터"이다. 그리고 그 첫 발걸음이 올바른 방향으로 나아가지 않아도 된다.[2]

20.10 우리 인류의 대부분은 현재 우리가 직면한 도전과 위험을 무시하고 있다. 이는 각 분야의 지도자도 다르지 않은 것으로 보인다. 이들 지도자를 포함하여 대부분의 인류는 국가주의, 민족주의와 같은 편협한 부족주의에 사로잡혀 있다. 여러분은 이들과 다르게 인류가 직면한 도전을 정면으로 직시하고, 현재와 미래의 도전과 위험을 이해해야 한다. 인류가 직면한

---

2) 처음부터 정확하고 바른 방향이기를 기대할 수 없다. 진화, 혁신 및 삶은 시행착오를 통한 학습이기 때문이다. 중요한 것은 시행착오를 하더라도 나아갈 수 있는 용기와 의지, 그리고 실천력이다.

위험을 경고했던 소수 선각자의 생각을 듣고, 최선의 방안을 실천해야 한다. 그런데 이를 실천하기 위해서는 정신적 역량이 필요하다. 그 정신적 역량으로는 잘 준비된 '내성(內城, Inner Citadal)'3)과 '용감하게 스스로의 생각하는 능력에 의지하라'는 뜻의 '사페레 아우데(Sapere Aude)'4)가 있다. 사페레 아우데에 대해서는 뒤의 22장과 23장에 상세히 논하겠다. 그리고 앞에서 이미 논한 것인데, 다시 강조하자면, 여러분은 여러분이 진실로 해야 하는 일을 다른 사람에게 숨겨야 할 수도 있다. 여러분의 인류지도자로서의 책무에 대해 타인에게 솔직하지 않은 것은 바람직한 일은 아니지만, 결과론적 윤리5)에 의해 정당화될 수 있다. 해야 하는 일을 숨겨야 하는 이유는 우리 지구촌에 광범위하게 퍼진 부족주의와 무지에 의한 방해를 받지 않기 위해서이다.6)

---

3) 내성은 도시 외곽성 안의 성인 내성을 가리키는 것인데, 사람의 영적인 내부의 존재를 의미한다. 조선의 수도였던 한양(지금의 서울)도 내성과 외성으로 나뉘어 있다. 로마 황제이며 철학자인 마르크스 아우렐리우스의 「명상록」에서 '나를 객관적으로 보는 또 다른 나'를 내성으로 비유했다. 이는 아우렐리우스의 당시 시대모습을 보면, '내 안에서 나를 지켜보는 나'를 내성으로 비유했는지를 이해하기 쉽다. 동로마의 수도인 콘스탄티노플이 1,000년을 버틴 이유는 삼중성벽을 건축했기 때문이다. 내 안에서 나를 객관적으로 보는 나를 메타(meta) 인지라고 볼 수 있다. 메타 인지는 스스로를 객관화하고 비판적 사고의 근거가 되며 새로운 것을 학습하도록 하며, 정념과 욕망으로부터 자유롭게 해준다. 여러분도 자신과 끊임없는 대화를 통해 내성(Inner Citadal)을 쌓기를 바란다.

4) '과감히 알려고 하라'는 뜻의 로마어 경구다. 계몽주의의 표어로 사용되었다. 지식사회에서 지식은 휘발하며, 변동하며, 요동친다. 지식에만 집착하는 지식의 저주도 회피해야 한다. 이를 위해서는 항상, 언제나, 끊임없이, 지치지 않고, 과감히 알려고 하는 사페레 아우데의 자세를 지켜야 한다.

5) 결과에 의해 그 행위가 정당화된다는 것을 의미한다. 다만 그 결과가 윤리적으로 옳아야 한다. 나치의 범죄를 막기 위해 히틀러를 법적 권한 없이 죽이는 행위는 결과론적 윤리에 해당한다. 다만 무엇이 윤리적으로 옳으냐 하는 문제는 단순하지 않다.

20.11 인류애를 함양하기 위한 연구, 교육, 성찰 및 정책 수립 또한 급박하다. 그런데 이들에 대한 연구와 교육이 부족한 것이 현실이다. 인류애를 제고하기 위한 지식 공동체가 없는 것은 아니다. 그러나 인류애와 관련된 주요 문제가 전반적으로 골고루 다뤄지고 있지 않다. 이들 지식공동체는 기후변화나 테러에 대해 집중하는 정도이다. 우리 인류가 직면한 넓은 범위의 문제와 도전에 대해서는 무시한다. 따라서 인류애를 제고하기 위한 지식 공동체를 다양화하고, 그 숫자를 늘리며, 동시에 통합하는 지치지 않는 노력이 필요하다.

20.12 지치지 않는 노력이 필요하다고 한 이유는 이를 수행하는 데 어려움이 적지 않기 때문이다. 학제간 연구와 교육을 현실적으로 달성하는 것은 매우 어려운 일이다. 인류애와 관련된 전문가를 키우기 위해서는, 이론적 지식은 물론이고 경험적 연구와 체계적인 지도하에서의 실무적 경험이 결합될 수 있도록 해야 한다. 인류 전체를 대상으로 하는 인류애의 역량이란 우리가 알고 있는 것과는 다르다. 즉, 학문적으로나 혹은 전문가의 영역에서 합법적인 것으로 인식된 인류애의 역량과 인류로부터 인류로 구원하기 위한 인류의 역량은 완전히 다르다.[7] 인류애를 다루는 고전과 사례연구도 부족하다. 이에 더해 인류애와 관련된 전문가에 대한 수요도 아직 많지 않다. 그럼에도 불구하고 최고 수준의 학생에게 인류애와 관련된

---

6) 드로어 교수의 글은 마키아벨리의 '군주론'을 생각나게 한다. 드로어 교수의 글은 역자의 귀에 바로 대고 큰 목소리로 고함을 치는 것 같다. '그만큼 절박하다! 그만큼 시급하다! 그만큼 중요하다!'.

7) 드로어 교수는 가설적으로 기술하지 않고, 단언적으로 합법적인 것으로 인지되는 것과는 다르다고 한다. 그가 21세기의 위험이 매우 급박하다 것을 간접적으로 보여준다.

도전적인 전문직으로 인도하는 것은 결코 어렵지 않다고 생각한다.

20.13 상당한 자격을 갖춘 인류애와 관련된 전문가를 가장 필요로 하는 존재가 인류지도자다. 이들 전문가의 도움이 없다면, 인류지도자는 많은 일을 성취할 수 없다. 따라서 여러분은 인류애와 관련된 전문가의 숫자가 충분히 늘어나도록 지원을 아끼지 말아야 한다. 관련 대학 프로그램이 개설될 수 있도록 도와야 하고, 연구 자금을 모집하고, 인턴십을 위한 기회를 제공해야 한다. 인류지도자인 여러분의 주위에 그들을 위한 자리를 마련해야 한다.

20.14 여러분이 가장 필요로 하는 것은, 인류의 문제를 해결할 수 있는 신선하고 뛰어난 아이디어다. 그러한 아이디어는 RAND 연구소[8]와 같은 조직이 잘 제공할 수 있다. RAND 연구소는 모든 분야에 대한 연구를 진행하는 씽크탱크이며, 인류의 문제를 해결하는 능력에 헌신하고 있다. 그 이외에도 다수의 대학, 연구소, 두뇌 트러스트 및 재단이 부분적으로 인류 문제 해결에 대한 연구 및 프로젝트를 진행하고 있다. 그러나 내가 현재까지 알고 있는 바로는, 위의 조직 중 어떠한 것도 필요한 자격을 모두 갖추고, 전일제로 근무하며, 학제간 연구를 수행했으며, 다양한 분야에 경험을 가지고 있는 연구원을 보유하고 있는 곳이 없었다. 인류문제를 해결하기 위한 씽크탱크를 여러분과 여러분의 동료가 직접 설립해야 한다.

20.15 생각을 공유하고 서로 돕기 위해 인류지도자 네트워크가 필

---

8) https://www.rand.org/

요하다. 인류지도자 네트워크에는 과학자, 기술개발자, 정신적 지도자와 사회적 지도자, 기업가, 작가, 예술가, 대중 매체에서의 권위자 및 자유로운 지식 탐구자가 참여해야 한다. 그런데 이들 참여자는 신중하게 선정되어야 한다. 내 생각으로는 인류지도자 네트워크는 모든 문화권에서 선정되어야 하며, 그들 대부분이 45세 이하여야 하며, 그 중의 반은 여성이어야 하며, 수백 명 정도의 규모면 좋겠다.

20.16 인류지도자가 세계를 지배하는 패거리 정도로 인식되는 것을 막기 위해서 신중한 태도가 필요하다. '전세계 인류정책 학술원'과 같은 형태로 조직화하는 것은 하나의 방안이 될 것이다. 이 이외에 공식적, 비공적 미팅, 집약적인 개인간 교류, 공동 워크샵, 인트라넷 및 기타 유사한 상호 교류를 통해 세계에 퍼져 있는 인류지도자가 네트워크로 연결할 수 있게 해야 한다.

20.17 인류지도자 네트워크 구축을 추진하기 위해서, 세계적 공익 추구 재단이나 인류정책 대학원과 같은 독립적 후원자를 확보하는 것은 도움이 될 수 있다. 그러나 이들은 인류지도자 네트워크를 구축할 기회에 대응해서 구비되어야 하는 세부사항 정도이며, 핵심적인 것은 아니다.

20.18 인류지도자 중 가장 뛰어난 지도자라 하더라도 정치로부터 벗어날 수는 없다. 성인이나 현자라면 정치로부터 벗어나는 것이 가능하겠으나, 인류지도자는 그럴 수 없다. 정치란 인류정책의 수립과 적용, 추진 및 평가에 있어서 핵심적인 역할을 담당한다. 그리고 여러분은 정치를 외면할 수도 없다. 여러분의 프로메테우스적 사명은 세계에서의, 특히 주요 강대국에

서의 여러분의 정치 역량에 의존할 수밖에 없다. 여러분은 할 수 있다면 정치적 역량을 높일 수 있도록 해야 하며, 여러분이 해야 하는 중요한 기초 작업에 해당한다. 정치적 역량을 제고하는 일은 처한 상황과 소속한 국가의 정치 체제에 따라 다를 것이다. 아래에 예시하는 방법은 민주주의 국가에서 적합할 것이다. 다른 정치 체제 혹은 다른 상황과 다른 문명 수준에서는 선호 방안이 다를 수 있다.

• 주요 선거 후보들에 대해서 그들의 교육, 사회봉사 기록, 기타 업무 경험, 가족 재정, 건강 등 정보를 완전히 공개해야 한다.

• 주요 공공 이슈, 지역 및 글로벌 이슈에 관해 그들의 견해를 들을 수 있어야 한다. 이를 위해 청년층을 포함하여 무작위로 선정된 시민, 학자 및 전문가로 구성된 독립 패널에 의한 주요 정치 후보들에 엄격한 검증을 텔레비전 방송에서 최소한 3회 이상 실시해야 한다.

• 인류의 주요 문제에 관해 정치 지도자가 참여하는 국내 및 국제적 워크샵과 세미나를 개최하는 것이 필요하다. 솔직한 논의를 할 수 있도록 비공개로 진행해야 할 수도 있다. 다만 참가자 목록은 공개하도록 하여 정치지도자가 적극적으로 참여하는 것을 유도해야 한다.

• 정부 구성원 혹은 국회의 구성원으로 종사하는 경우 5년마다 1년의 안식기간을 제공9)하고, 이 기간 동안 다른 나라나 글로벌

---

9) 우리나라의 경우 국가공무원법 제71조 제2항 7호의 규정에 따라 5년 이상 재직한 국가공무원은 직무관련 연구과제 수행 또는 자기개발을 위한 학습 혹은 연구 등을 하게 된 때에, 1년 이내의 기간 동안 무급으로 자기개발휴직을 사용할 수 있다. 지방직 공무원도 유사한 제도가 있다. 필자가 제시한 5년마다 1년의 안식년을 유급으로 제공하는 것에 비해, 우리나라의 안식년은 5년 이상 근무한 공무원에에게 특정한 경우 무급으로 제공한다는 데 있어서, 미흡하다고 판단할 수 있다.

거버넌스를 연구하거나 경험을 획득할 수 있는 제도를 마련해야 한다. 안식년 기간 동안, 가족의 이주 비용을 포함한 전체 소요 비용을 제공해야 한다. 그리고 안식년 이후에 본업으로 돌아갈 때 기존의 직위가 보장되어야 한다.

- 정부 혹은 국회 구성원으로 활동한 내역 보고서를 공공에게 매년 제출하도록 해야 한다. 그리고 해당 보고서는 독립적 감사기관이 감사할 수 있도록 해야 한다.

- 엄격한 윤리강령의 준수가 강행되도록 해야 한다.

- 광범위한 연구와 전문적 자문 서비스를 국회 혹은 이와 유사한 조직의 구성원에게 제공해야 한다.

- 로비스트[10] 등록부에 각각의 로비스트가 누구를 대변하고 있는지와 각 로비스트의 학력 등 개인적 배경과 보수 등의 전반적 정보를 등록하고 공중에게 공개될 수 있도록 해야 한다.

- 선거 비용, 정치인 혹은 정당에 대한 직간접적 기부금 상한액을 제한해야 한다. 기부금은 인증 받고 공지된 은행계좌로만 받을 수 있도록 하여 투명성을 높여야 한다. 이는 부자의 정치적 권력을 억제하고 시간이 흐름에 따라 제한하기 위한 것이다.[11]

- 아마도 가장 중요한 것일 텐데, 모든 주요 국가에 과학자와 학자로 구성된 능력을 기준으로 선출된 상원을 두는 것이 필요하다. 이들 상원 의원은 전직 정부 각료, 탁월한 과학자 및 사상가로 구성된 위원회가 선임하도록 해야 한다. 이 위원회의 위원은 대법원장이 지명할 수 있도록 해야 한다. 상원은 자문기관으로

---

10) 한국에서 로비스트는 허용되지 않는다. 다만 변호사가 사실상 로비스트의 역할을 하고 있다. 로비스트의 장단점에 대해 논쟁이 있다. 그런데 변호사만 로비스트 역할을 할 수 있도록 한 법제도에는 문제점이 있다. 관련 법령의 개정이 필요하다.

11) 한국의 경우 정치자금에 대해 지나치게 제약이 많아, 본문의 내용은 한국 상황에서는 적합하지 않다. 그러나 필자의 핵심 주장이 부자의 정치적 권력 제한과 점진적 감소에 있음을 명심하자.

서의 역할을 최우선적으로 수행해야 하며, 또한 이들의 제안활동은 공중에게 공개되어야 한다. 상원은 입법 및 국회 활동을 실행할 수 있는 권한을 보유해야 하며, 특별다수의 의결로 특별국민투표를 요구할 수 있는 권한을 보유해야 한다. 다만 국민투표의 남발을 방지하기 위해 최소한의 시간 간격을 두어야 한다. 상원의 2/3 이상으로 자진해산을 의결할 수 있으며, 이는 하원을 포함한 입법부에 대해서도 총선이 자동적으로 수행될 수 있도록 해야 한다.

- 입법부를 구성하는 방법 중 상당히 모험적이기는 한데, 몇 가지 실험적 시도가 가능하다. 국회의원 중 몇 명 정도는 국민 중 성인을 대상으로 추첨을 하여 뽑는 것도 충분히 좋은 시도로 판단된다. 국회의원 중 1/4 정도는 40세 이하의 청년층에서 뽑도록 강행하는 것도 고려해야 한다.

20.19 필자는 몇 개의 급진적인 아이디어를 가지고 있다. 예를 들어 덕치에 기반을 둔 신 유교의 사상과 서양의 대표적 이론에 바탕을 둔 능력 기반의 정치체제[12]의 융합이다. 덕치와 능력주의 융합에 대한 논의와 고민[13]을 담은 글이 최근 늘고 있다. 이를 위해 실현하기가 상대적으로 용이하며 유용성을 지닌 최소한의 방안을 일단 두 가지를 제시할 수 있다. 첫 번째

---

12) 능력, 노력 및 성취에 의해 정치적 권력을 얻는 정치체제를 능력주의(Meritocracy)라 한다. 드로어 교수는 능력주의를 서구 문화권의 전통이라고 인지하고 있는 것으로 보인다. 능력주의를 대표하는 제도가 공무원의 채용을 신분, 종교에 의하는 것이 아니라 시험에 의하는 것이다. 이의 기원을 따라 올라가면 중국의 경우 수나라에서 시작했고, 한국사회에서는 고려 때부터 시작했다. 즉, 동아시아에서 능력주의의 개념이 먼저 발아했다고 보아야 한다.

13) 최근 능력주의에 대한 비판이 늘고 있다. 능력보다 선량함과 정직함이 더 중요한 품성으로 인정 받고 있다. 능력 있고 성실한 부도덕성은 사회의 안정성과 지속성에 큰 해악을 끼친다. 따라서 능력주의를 뛰어넘는 인재 선택 시스템에 대한 고민이 늘고 있다.

는 각국의 정치지도자가 취임 전 2개월 간 의무적으로 참석해야 하는 '세계 지도자 대학(Seminary)'을 설립하는 것이다. 두 번째는 국회의원 혹은 이와 유사한 조직에 대한 선거 시 40세 이하 투표권자와 대학원을 졸업한 투표권자에게 투표권을 두 개 주는 것이다. 그러나 이러한 아이디어는 매우 거칠어서 대중의 반대에 부딪칠 것이 분명하다. 상황이 충분히 성숙하기 전에, 이러한 급진적 아이디어에 대해 여러분에게 지지해달라고 요구할 수는 없겠다.

20.20 바라건대, 여러분이 나의 제안에 대해 적어도 하나의 요점을 파악했으면 한다. 민주주의나 혹은 각국이 선호하는 정체체제를 훼손하지 않고, 그러면서도 사악한 정치체제를 해체하면서 여러분의 정치적 역량을 높이는 것이 필요하다. 정치지도자의 대부분은 자신들의 지위를 위협할 가능성이 있는 정치개혁을 받아들이지 않으려 할 것이다. 따라서 그들은 인류 지도자로서의 여러분의 시도를 어떻게 해서라도 방해하려 할 것이다. 거기에 더해 그들은 할 수 있다면 여러분을 이 세상에서 제거하려 할 것이다. 여러분은 그 위험을 충분히 인지해야 한다. 여러분은 그 위험을 예측하고 대비해야 한다.

21

21.1 개별 국가의 주권을 제약하여 글로벌 거버넌스 시스템에 인류의 문제에 대한 정책결정권한을 부여할 수 있는 토대를 마련하는 것은 인류지도자가 당면한 핵심적 과제이다. 현재까지 기록된 인류의 역사를 돌이켜 보면, 유의미한 실질적 진보는 세계적 대참사[1] 이후에 가능했다. 인류가 경험했던 세계적 대참사의 배경을 보면, 기존의 세계질서가 진부했다는 것이 여실히 밝혀졌다. 바람직한 글로벌 거버넌스 시스템이 가능하기 위해서는 새로운 대참사가 있어야 할지도 모르겠다. 인류의 역사를 통해 보건대, 새로운 세계 질서는 미래의 대참

---

1) 크림 전쟁의 참화에서 나이팅게일의 인도주의 사상이 등장했고, 제1차 세계대전의 참화에서 국제연맹이, 제2차 세계대전 이후 국제연합이 설립되었다. 제1차 세계대전 당시 850만여 명이 사망했다. 제2차 세계대전으로 약 4,700만 명이 사망했다. 이 중 2,900만 명이 소련인이었다. 인류는 대참사 이후에 역사적 발전을 이뤄냈다고 하는 것이 과언이 아닐 것이다. 이에 반해 동아시아에서 일어난 대참사에서 한중일은 어떠한 역사적 진보를 이뤄냈는가에 대해 자문해야 한다. 제2차 세계대전의 통계로 잡히지 않으나 1937년에 시작하여 1945년에 끝날 중일전쟁에서 중국인 사상자는 2,000만 명에 달하는 것으로 보고 있다. 일본은 이러한 참사의 원인국가로 인류역사의 진보를 위해 무엇을 배웠는가? 6.25 전쟁으로 인한 사망자 통계는 공식적으로 137만여 명이며 600만여 명까지 보는 견해가 있다. 남한의 민간인 피해는 100여 만명, 북한의 민간인 피해는 200여 만명이라는 주장이 있다. 우리는 여기서 질문을 해야 한다. 이러한 대참사에서 남측과 북측은 무엇을 배웠는가? 아니면 앞으로 배울 것인가?

사 이후에 등장할 것이다. 등장할 세계 질서의 모습은 주요 강대국의 세계 권력 과점과 권력 사용은 절제하나 부분적으로는 권위적인 세계적 거대국가 출현 사이의 그 어디쯤이지 않을까 한다.

21.2 새로운 세계적 대참사가 일어나기 전에, 여러분은 현재의 글로벌 거버넌스 체계, 예를 들어 국제연합(UN)이나 국제연합의 하위 기관을 강화하는 데 최선을 다해야 한다. 만약 여러분이 유럽에 거주한다면, 유럽공동체가 바른 방향으로 진행할 수 있도록 해야 한다. 그리고 여러분은 인류가 스스로를 스스로 구원할 수 있도록 세계 거버넌스의 대안을 고안하는 데 힘을 써야 한다. 세계 거버넌스의 대안적 형태는, 대참사가 인류에게 닥치면, 성숙한 아이디어의 인류정책을 실제 적용될 수 있도록 할 것이다. 그래야 그 대참사는 인류에게 새로운 기회가 될 수 있을 것이다.

21.3 여러분에게 몇 가지 추가적 설명을 하고자 한다. "생각은 세계적으로, 행동은 지역에 맞게"라는 구호는 대체로 잘못되었다. 인류는 세계 곳곳에 퍼져있다. 따라서 인류의 미래가 위험할 때 가장 먼저 등장해야 하는 구호는 "생각도 세계적으로, 행동도 세계적으로"이다. 경제적 성장과 위험한 기술의 사용을 제약하고, 인류 최후의 날을 원하는 종교적 광신도를 무력화시키는 행동은 세계적으로 실행될 때에만 효과적일 수 있다.

21.4 확장된 보충성의 원칙(Subsidiarity Principle)[2]은 적절할 수 있다. 인류 정책과 관련한 현안은 지방자치단체와 도시, 상향식

---

2) 현장성의 원칙이라고도 한다. 현장에서 해결할 수 있는 일은 현장에서 해결하며 상부로 해당 건을 이전하는 일을 금지하는 원칙을 의미한다.

정책, 사회 이니셔티브, 민간기업 등 가능한 현장의 일선에 있는 사회기관이 실행하고 책임을 질 수 있도록 해야 한다. 물론 국가는 지속적으로 핵심적 기능을 수행해야 한다. 모든 인류가 하나의 글로벌 초대 단일 국가를 구성한다는 의미에서의 세계시민주의(Cosmopolitanism) 운동은 실현 가능하지도, 필요하지도, 바람직하지도 않다. 그러나 글로벌 거버넌스 체제에는 기준 설정권과 일정한 사항에 대한 지시와 감독권 등이 부여되어야 한다. 필요한 경우 글러벌 거버넌스 조직은 그 권한을 실행해야 한다.

21.5 인류에 대한 위험은 특정 지역에서 발생할 수 있다. 이때는 지역적 대책이 적합할 것이다. 예를 들어, 남아메리카 아마존강 유역, 인도네시아와 콩고 유역에 지구상의 열대우림의 대부분이 위치해 있다. 인류의 주요 자원으로 열대우림을 보존하기 위해서는 4~5개 관련 국가와 인접 국가 그리고 해당 기관의 조치로 충분할 것이다. 그러나 글로벌 거버넌스 등 국제적 규범에 대한 실행력 있는 조직의 자극, 압박, 원조, 감시 및 보상이 없다면, 이들 국가가 열대우림을 보호하는 행위를 할 의지도 없고, 할 수도 없을 것이다.

21.6 온실가스 배출과 관련하여 몇 마디 언급을 하고 이번 장을 마무리 짓겠다. 미국과 중국이 온실가스 전세계 전체 배출량의 45%를 차지한다. 따라서 기술적으로만 보자면, 이들 두 나라의 온실가스 배출을 제한하는 데 노력을 집중하는 것이 합리적이다. 그런데 온실가스 감축이 그렇게 단순한 것이 아니다. 2016년 미국의 인당 이산화탄소 배출량은 약 17미터 톤[3]이

---

3) 미터 톤은 톤과 동일하다. 미터 톤은 1,000kg에 해당한다.

었으며, 중국은 7미터 톤에 불과했다. 따라서 국제 기후 변화 협상의 장에서 중국을 포함한 개발도상국은 온실가스 배출할 당량을 높여줄 것을 요구한다. 이들 국가의 인당 배출량이 낮기 때문이며, 이들 국가가 선진국과 같은 정도의 경제적 부를 누리려면 선진국 수준의 인당 온실 가스 배출이 허용되어야 하기 때문이다. 개발도상국은 미국을 포함한 선진국이 온실가스 배출량을 상당히 줄여야 한다고 주장하고 있다.

21.7 인당 온실가스 배출량을 낮추게 되면, 현재의 기술 수준으로는 선진국과 강대국 국민이 살아가는 방식에 있어서 상당한 변화가 있어야 한다. 이들 국가의 국민 대부분은 온실가스 배출량 감소에 대해 강력하게 저항할 것이다. 기존의 부유했던 삶의 방식을 포기하는 것은 쉬운 일이 아니다. 그러나 국가의 경제적 개발 상황 등에 따른 온실가스 억제 및 감축에 대해서 입장 차이가 존재하기는 하나, 다양한 수단을 통해서 일정 수준의 성과를 얻을 수 있기는 하다. 대표적인 수단 중 하나가 온실가스 배출량 거래 제도이다. 그런데 이는 기후변화에 대한 적극적인 해결책이 되지 못한다. 온실가스 배출량 감소에 대한 국제 정치는 전체적으로 실패했다.

21.8 온실 가스 감축 실패의 사례는 현재의 세계질서 체제가 세계적인 문제를 제대로 처리할 수 없다는 것을 분명하게 보여준다. 온실 가스 감축에 대한 실패에 대해서는 상당한 연구가 진행되었다. 그 밖에도 세계질서의 무능력을 보여주는 사례는 다양하다. 인구 증가를 예로 들면, 기존 세계 질서가 이를 제대로 다룰 수 있을까? 작은 규모의 국가가 인류 전체를 위협하는 생물 무기를 개발는 것에 대해 세계질서는 적절하게

대응할 수 있을까? 부의 불평등을 완화하기 위해서는 최소한 '조세 회피지'를 금지해야 하는데, 아직 '조세 회피지'를 문 닫지 못하게 하는 이유는 무엇일까? 시리아 내전에서의 생지옥과 같은 민간인 살상을 줄이고 시리아 난민을 구호할 방안은 무엇인가?

21.9 인류가 직면할 것이 분명한 치명적 문제를 다루기 위해서는 세계적인 수단이 필요하다. 그런데 이들 세계적 수단은 만연해 있는 부족주의의 성향과 충돌한다. "국익", 국가의 주권, 국가간 평등이라는 환상 및 자본 기반의 권력 등이 이에 해당한다. 그 이외에도 다양한 국가주의의 형태, "제한된 정부 권력", "반 글로벌 거버넌스" 및 이미 유효성을 상실했으며 부분적으로는 반동적 이데올로기도 극복해야 할 장애에 해당한다.

21.10 적극적 협력과 분산된 책임은 바람직하며 중요하다. 그러나 인류의 미래가 위험에 처했을 때 이들에게만 의존할 수 없다. 과학자의 대부분은 직업 윤리 규범을 따를 것이나, 그 중의 일부는 틀림없이 이를 위반할 것이다. 대부분의 국가는 살인 로봇을 개발하는 것을 중지하는 국제 규약을 체결할 것이나, 그 중 일부 국가는 비밀리에 킬러 로봇을 이용하려 할 것이다. 글로벌 기업은 인류에게 위험한 지식과 도구를 판매하지 않겠다고 약속할 것이나, 그들 중의 일부는 위험한 지식과 도구의 판매를 통해 가외의 이득을 추구하려 할 것이다. "세계 질서"에 대한 급격한 변혁의 필요성이 늘어나고 있는 상황이다.

21.11 앞으로 50년에서 100년 이내에, 임마뉴엘 칸트의 사상과 동

일선상에 있는 협력의지만으로 인류의 미래를 보장할 수 없음이 드러날 것이다. 급격하고 본질적인 "국제 질서"의 변혁이 있어야만, 인류는 그 자신으로부터 인류를 구원할 수 있다. 국제질서의 근본적 변혁에는 국가주권의 제한, 적절한 인류정책의 수립, 그리고 이를 전세계에 적용할 수 있는 최종 의사결정권을 지닌 글로벌 거버넌스 체계의 구축을 포함한다. 그러나 안타깝게도 국제질서에서의 필요한 본질적 변화는 제2차 세계대전과 같은 대재앙을 통해 인류가 고통스러운 학습을 하지 않는 한 현실적으로 불가능할 것으로 보인다. 개탄스러운 일이나, 인류가 스스로부터 인류를 구원하기 위해서는 우선 인류에게는 아픈 회초리가 필요할지도 모른다.

21.12 현재 여러분이 할 수 있는 최선은, 반드시 도래할 대재앙 이후의 적절한 글로벌 정치체계를 구축하기 위한 계획을 마련하는 일이다. 그리고 필요에 비해 부족한 것이기는 하나, 현재로서 가능한 국제연합을 수정보완하는 것도 여러분이 현재 할 수 있는 일에 해당한다.

22

22.1 가장 먼저 막스 베버가 1919년[1])에 쓴 「직업으로서의 정치」를 읽어야 한다. 만약 여러분이 그 책을 이미 읽었다면 다시한 번 더 읽으라. 1919년은 제1차 세계대전이 종전한 이듬해였는데, 제1차 세계대전[2]) 이후의 전후 상황은 인류가 경험한변혁적 상황 중 하나였다. 당시의 상황은 베버가 「직업으로서의 정치」에서 주장한 것을 더욱더 의미 있게 만들었다. 정치지도자가 되기를 희망하는 인류지도자로서의 여러분에게베버가 요구하는 자격요건은 다음과 같다. 정치를 위해 살 것이지, 정치를 통해 생계를 유지하려 하지 말라. "직업"으로서정치에 전념하라. 이는 소명으로서 종사하라는 의미이며, "헌신의 약속"과 결과를 책임지는 것을 의미하며, 또한 모든 정치지도자가 윤리적 노력을 다해야 한다는 의미이다. "무자비한 삶의 실상을 살펴보고, 삶의 실상을 견뎌내며, 이를 내적으로 숙고"한다는 의미에서 정신적으로 성숙해져라. 권력과

---

1) 제1차 세계대전은 1914년에 발발하여 1918년 끝났다. 「직업으로서의 정치」는
   제1차 세계대전이 끝난 이듬해인 1919년에 55세인 막스 베버가 뮌헨 대학에서
   강의한 내용을 정리한 책이다. 제1차 세계대전의 참상을 겪은 베버는 「직업으
   로서의 정치」에서 대안적 사상과 고민을 올곧이 담아내었다.

2) 제1차 세계대전에서 민간인과 군인이 약 2,900만 명이 죽었다.

힘이 매우 중요함을 이해하라. 문제와 여러분 스스로의 사이에 거리를 유지하라. 그리고 중요한 문제에 관해서는 "마틴 루터가 종교혁명을 시작할 때 말한,' 내가 여기 서있습니다. 제가 할 수 있는 것은 아무것도 없습니다'라고 할 때의 그 지점"인 내가 할 수 있는 일을 모두 하고, 그 결과를 기다리는 진인사대천명(盡人事待天命)의 지경까지 도달하라.

22.2 여러분은 인류지도자가 되기 위해서는 필수적인 정신적 자격요건을 개발해야 한다. 여기에는 막스 베버가 요구한 자격요건을 더해야 하고, 모든 중요 정치 지도자(이에 대해서는 이 비망록에서 따로 다루지 않겠다)와 공유해야 하는 다른 자격 요건도 추가해야 한다. 인류지도자가 되기 위한 핵심 자격의 일부에 대해서는 이미 언급한 것도 있고, 굳이 다루지 않아도 자명하여 명백한 것도 있다. 그 예로는 적절한 미래 시간대에 인류정책을 창안하고 이를 실제 실현할 수 있는 기초를 구축할 수 있는 능력에 해당하는데, 인류정책의 대가(大家)가 되는 것이 필요하다. 그 이외에도 인류지도자가 되기 위한 핵심 자격으로 다음의 다섯 가지가 추가되어야 한다. (1) 사페레 아우데(Sapere Aude): 용기와 계몽－과감하게 알려고 하라! (2) 인류 진화의 관점에서 숙고할 수 있는 역량, (3) 급진주의적 태도, (4) 인류정책 시행으로 인한 시민의 고통에 대한 고민, 그리고 (5) 인류정책을 시행함에 있어서의 과단성과 정교함이 그것이다.

22.3 여러분은 앞에서 언급한 자격요건에 대해 압도될 수도 있다. 우리 인류 중 아주 적은 숫자만이 인류지도자가 될 잠재성을 지니고 있다. 그리고 누가 인류지도자가 될 수 있는 재목인지

를 사전에 파악하는 것도 불가능하다. 그리고 여러분은 앞에 언급한 자격요건을 모두 완벽하게 갖출 필요는 없다. 이는 인간적으로 불가능한 일이다. 대부분의 항목에서 어느 정도 역량을 보유하고 일부 항목을 완전히 갖추었다면, 다른 자격요건에서 부족하더라도 이를 보완할 수 있다. 다만 여러분은 무엇이 부족한지를 인지해야 하고, 부족한 부분에 대해서는 신중하게 선택된 동료와 조언가에 의지하여 그 부족한 부분을 보충해야 한다.

사페레 아우데(Sapere Aude)

23

23.1 사페레 아우데는 "용감하게 스스로의 생각하는 능력에 의지
하라"를 의미하는 라틴어로, 임마누엘 칸트가 1784년에 쓴
"계몽"의 의미에 관한 논문[1])에서 빌려온 것이다. 논문 '계몽
이란 무엇인가라는 질문에 대한 답변'을 여는 첫 문장은 인류
지도자에게 심오한 의미를 가진다.

> "계몽이란 인간 스스로가 초래한 성숙하지 못함으로부터 나타
> 난 것이다. 타인의 지시와 명령 없이도 인간은 혼자서 숙고할
> 수 있는 능력이 있다. 그럼에도 불구하고 이를 사용하지 못하는
> 무능력이 성숙하지 못함이다. 성숙하지 못함이란 문제의 원인을
> 이해하는 능력의 부재에 있지 않고, 타인의 지시 없이 숙고역량
> 을 활용할 용기와 결단력이 없어서 발생한 것이다. 이는 인간
> 스스로가 초래한 것이다. 따라서 계몽의 구호로 '사페레 아우데
> 하라!' 여러분의 생각하는 능력과 이해하는 능력을 활용할 용기
> 를 가져라!

23.2 인류지도자인 여러분은 일반적 정치지도자와는 다르게 생각
(Think Differently)해야 한다. 대부분의 책에서 쓰여진 것과 다

---

1) '계몽이란 무엇인가라는 질문에 대한 답변(Answering the Question: What is
   Enlightenment?)'

르게 생각해야 한다. 또한 다수의 대학에서 가르치는 것과도 다르게 생각해야 한다. 인류의 대부분의 생각과는 다르게 생각해야 한다. 따라서, 여러분은 스스로의 "내성(Inner Citadal)"을 이루는 내적 주도성을 지녀야 한다.

23.3 여러분의 다른 생각은 흔히 사람들로 하여금 적개심을 보일 수도 있다. 더 나아가 여러분이 인류지도자로서 활동하는 데 필요한 지위를 얻는 것도 어렵게 할 수 있다. 이를 극복하기 위해서 두 가지의 상충되는 전략이 필요하다. 하나는 여러분의 생각을 숨기는 것이고 다른 하나는 여러분의 생각이 오히려 지지할 만한 가치가 있다고 설득하고 강조하는 것이다. 나는 후자가 솔직한 접근으로 판단되어 선호한다. 그러나 어쩔 수 없는 상황에서는 여러분의 생각을 숨겨야 할 수도 있다. 이는 여러분에게 또 다른 정신적 자격요건이 필요함을 의미한다. 이러한 자격 요건은 그리스어로 "metis"라 하는데, 지혜와 교활[2]이 융합된 것을 의미한다. 이는 그리스 신화의 오딧세이가 보여준 것으로, 이탈리아의 마키아벨리가 「군주론」에서 군주가 갖춰야 할 자격요건으로 추천한 것과 다르지 않다. 다만 「군주론」의 그것보다는 훨씬 고상한 것이다. 다만, 지혜로운 교활함은 모든 성공적 정치지도자가 갖추고 있는 것으로, 이를 인류지도자에게 필요한 특별한 자격요건으로까지 언급할 수는 없겠다.

---

2) 기독교 성경에서는 이를 뱀처럼 지혜로운 것으로 묘사한다. 니체의 「짜라투스트라는 이렇게 말했다」에서 "짜라투스트라는 뱀처럼 영리하고 독수리처럼 긍지를 가진 행동에 나서리라 다짐한다"고 했다. 인류지도자로서 여러분은 바른 방향을 추구하고 문제의 핵심을 이해하는 데 있어서는 지혜로워야 하며, 여러분이 처한 역경을 극복하고 문제를 해결하는 데 있어서는 교활해야 한다.

23.4 여러분의 내적 주도성은 지속적으로 확대되어야 한다. 내적 주도성이 없다면, "자유의지"란 거의 존재하지 않는다고 봐야 한다. 여러분의 정신은 지속적으로 증가하는 지식과 이해력을 갖추어야 하며, 새로운 아이디어와 해결 대안을 개발함에 있어서 창의적이어야 한다. 여러분 스스로의 숙고 역량에 과단성이 있게 의존하기 위해서는 많은 내적 성찰과 사색이 필요하다. 여러분은 현재의 문제에서 벗어나서, 의식적으로 혹은 무의식적으로 새로운 아이디어를 숙고할 수 있어야 한다. 따라서 지적 호기심을 가지는 것은 인류지도자가 되기 위한 핵심적 역량 중 하나다.

23.5 말할 필요도 없이 당연한 것으로 아무리 강조해도 부족한 것이 '사페레 아우데'를 위해서는 많은 지식이 필요하다는 것이다. 지식 없는 숙고는 기어가 없는 자동차의 가속 페달을 밟는 것과 같다. 대부분의 정치지도자의 경우 과학과 기술에 대해 문외한이나, 여러분은 과학과 기술의 원리에 정통3)해야 한다. 즉, 여러분은 인류의 주요 과학문명을 이해해야 하며, 지금까지 알려진 인류와 사회의 진화 과정 등을 파악해야 한다.

23.6 따라서 '사페레 아우데'가 스스로의 숙고역량을 의미하는 것이기는 하나, 지식 등을 경시하지 않는다. 오히려 인류지도자는 지식 등을 추구해야 한다. 다만 정치 지도자의 경우 보고서, 회의, 행사참여, 조언 및 요청 등으로 인한 부담이 과중한데, 여러분은 이를 가급적 피해야 한다. 즉, 여러분의 내성을

---

3) 합리적 의사결정을 위해서 여러분은 디지털 문해력과 기술 문해력이 높아야 한다. 이에 대해서보다 명료하게 인지하기 위해서는, 역자 중의 한 명인 윤기영의 글을 참조하는 것도 좋겠다. 윤기영, 2019, '윤기영의 원려심모", "몽환적 과학기술 예측을 경계한다", 한겨레.

유지하기 위해서는 흥미로운 것과 중요한 것은 수용하고, 그렇지 않은 것을 거절하는 일종의 내적 기준이 필요하다.

24

24.1 현재의 세계 문명은 사람을 공동체의 한 부분으로서가 아니라 개인으로 대하는 것에 치중하고 있다. 인류 전체에 대해서는 일부의 전문가나 공적인 조직 이외에는 논의의 주제가 되지 못한다. 하다못해 국제연합(UN)에서조차도 개인의 권리에 초점을 두지 인류 전체에 대해서는 충분한 관심을 기울이지 않고 있다. 따라서 인류 진화의 조건에 대해 숙고를 하는 것은 이상하게 보일 수 있다. 심지어는 많은 경우 위험할 수도 있다. 그러나 여러분이 인류의 진화과정에 대해 깊이 사유하지 않는다면, 인류의 미래를 계획할 수 없다.

24.2 앞에서 언급된 "상보성"의 개념은 인류의 진화 조건과 상관관계가 있다. 상보성이란 상호 대조적인 두 개의 이론 중 하나만으로는 전체 현상의 일부만을 설명할 수 있는데, 이 두 개의 이론을 통합하면 전체 현상을 설명할 수 있다. 인류를 완전히 이해하기 위해서는 인류를 개인주의적 특징을 지니며 동시에 집단의 일원으로서의 특징을 지닌다는 시각으로 보아야 한다. 그리고 인류의 미래에 대한 담론을 위해서는 인류의 관점이 더욱 중요하다.

24.3 개인을 논의의 중심에 두는 것과 인류에게 집중하는 것 간에

실제 긴장이 발생한 경우는 드물지 않다. 그렇다고 이들 사이가 강한 모순관계에 있는 것은 아니다. 인류의 개체만이 오로지 실질적 존재로, 의식과 감정, 숙고할 수 있는 정신을 지니고 있다. 따라서 궁극적으로 중요한 것은 현재 살아있고 앞으로 태어날 인류 개개인이다.

24.4 그런데 종(種)으로서의 인류는 단순히 특정 시기에 태어난 개개인 성향의 집합을 넘어서, 고유한 특징을 지닌 존재이다. 따라서 여러분은 인류의 진화 과정과 인류의 대안적 미래를 숙고해야 한다. 이때 인류 전체란 그 생존이 위험에 처해진 존재로, 여러 세대로 구성된 집단적 실체이며, 이 세대는 의식이 있는 개인들로 구성되어 있다.

24.5 인류 진화 조건에 대해 숙고하기 위해서는, 진화론의 바탕을 이룬 사상과 진화론이 가진 문제점을 알아야 한다. 진화론은 새로운 발견으로 계속 진화하고 있으며, 이론적인 혁신을 이루었다. 진화론에 대해서는 유명한 책이 몇 권이 있어서 여러분에게 도움이 될 것이다. 그런데 기본적 사실에 대해서도 무지한 정치 지도자를 나는 많이 만났다. 지구에서의 생명의 진화는 약 38억년 이전으로 거슬러 올라간다. 인류의 첫 조상인 사람과의 동물은 약 280만년 전에 등장했다. 해부학적 현생인류는 20만 년 전과 30만 년 전 사이에 아프리카 지역에서 나타났다. 그리고 중동 지역에서 같은 시기에 현생인류가 나타난 것으로 보인다. 시간의 경과에 따라 인류는 지구의 거의 모든 지역으로 퍼져나갔다. 이 기간 동안 인류는 사냥과 채집 경제의 유목민의 삶의 방식에서 농업경제의 정주의 삶의 방식으로 진전했다. 그리고 농경시대에 인구수가 급격히 증가

했다. 인지적인 측면에서의 "근대" 인간은 약 5만년 전에 나타났다. 이는 "위대한 도약"으로 볼 수 있는데, 그 원인이 분명하지는 않다. 문자의 발명으로 우리가 알고 있는 역사시대가 5천 5백년 전에 시작했다. 생명체의 역사에 있어서 인류는 최근에 등장했다. 현재 인류의 역사는 유아기 상태이다. 만약 인류가 짧은 기간 내에 멸종되지 않는다면, 인류의 앞에 놓인 미래는 매우 길 것이다.

24.6 2017년의 한 추정에 따르면, 과거에 살았던 총 인류의 수는 약 1,080억 명에 달하며, 2017년 현재 인류의 수는 75억 명에 달한다. 죽은 인류의 수 대비 살아 있는 인류의 비율은 6% 정도인데, 이는 그렇게 많은 비율은 아니다.

24.7 모든 종 중에 영원한 것은 없다. 어떠한 종도 특정한 시간대에 존재하다가 사라졌다. 이들이 사라진 이유는 생태계의 변화, 대재앙, 보다 적응한 종으로의 대체, 혹은 현재로서는 알 수 없는 원인 때문이다. 일부의 생명종은 그들이 의존한 식량을 모두 먹어 치워서 스스로를 멸종시킨 것으로 보인다. 그런데 인류는 자의식이 있고, 계획할 줄 알며, 추상적 사고를 할 수 있는 독특한 존재로서, 현재까지의 지구 생명체의 역사에서 가장 복잡한 뇌를 가졌다.

24.8 적어도 우리 태양계에서 인류는 과학과 기술을 발달시켰고, 고의로든 혹은 오류에 의해서든 스스로를 파괴할 수 있는 힘을 획득했다는 점에서 독특하다. 동시에 우주(Cosmos)가 더 이상 생명체가 살아갈 수 없는 아주 먼 미래가 올 때까지, 인류는 그 존재를 우주로 확장할 수 있다. 현대 물리학에 따르면 약 10^{40}년의 시간이 지나면 이 우주는 생명체가 존재할 수

없게 된다고 하는데, 그 기간은 가장 "미래적"인 사상가라 하더라도 그 생각의 지평을 넘어서는 것이다.

24.9 최신의 과학적 이해와 기존의 사고의 틀에 따르면, 인류는 일련의 우연과 우연의 과정에서 탄생했다. 피터 워드(Peter Ward)와 조 커슈빙크(Joe Kirschvink)가 2015년 출간한 「새로운 생명의 역사: 지구 생명의 기원과 진화를 밝히는 새로운 근본적인 발견들」의 글을 하나 인용하겠다. "생명체의 역사에 어떤 교훈이 있다면, 우연성은 생명의 게임에서 두 주요 요인 중 하나이며… 그리고 우연성은 생명의 미래 역사에 있어서 사건과 추세를 예측하려는 어떠한 시도도 우연한 제안으로 만든다." 또한 "6천 5백 만 년 전의 거대 운석충돌로 인한 공룡 및 생명종 75%의 멸종과 그로 인한 다양한 영향"으로 인해 포유류가 발달할 수 있었다. 그리고 시간이 지나서 인간 종이 등장할 수 있게 된 것이다. 피터 워드 등은 페름 기의 대멸종[1]과 같은 사건이 미래에도 발생할 수 있다고 경고했는데, "그 가능성은 우리 인류가 알고 있는 것보다 훨씬 높다"고 기술했다.

24.10 이는 인류가 지구상의 어떠한 다른 생명체도 생각해보지 못했던, 그 스스로의 진화의 방향에 대해 영향을 미칠 수 있는지, 미칠 수 있다면 어느 정도로 영향을 미칠 것인지에 대한

---

1) 페름기의 대멸종은 약 2억 4천 5백만 년 전에 발생했으며 당시 생명종의 90~96%가 멸종했다. 화석기록을 보면 현재까지 총 5차례의 대멸종 사건이 있었는데 페름기 대멸종 사건의 규모가 가장 컸다. 최근의 대멸종은 6천 5백만년의 쥬라기 멸종 사건으로 생명종의 70~75%가 멸종했다. 어떤 연구는 지난 몇 백년 간의 생명종의 멸종 속도로 보아 인류세에 6번째 대멸종 사건이 일어날 수 있을 것으로 전망했다.

질문을 하게 만든다. "자연스러운" 진화의 과정이 인류의 장기적 번영을 유도하는 방식으로 전개될 수 있다고 확신할 수 있다면, 인류의 진화에 대한 인위적 개입은 그것이 많은 고민을 하고 수행된 것이라 하더라도, 바람직한 진화의 전개를 망칠 수 있는 위험이 있다. 그런데 이에 반해 현재 진행되고 있고 예측 가능한 인류 진화의 전개가 인류의 미래를 위험하게 하는 것이라면, 그때는 인류의 진화 과정에 개입하여 그 방향을 바꾸어야 한다.

24.11 현재 인류를 보면, 진행되고 있는 인류의 진화 과정은 종으로서의 우리 인류의 미래를 매우 위태롭게 할 것 같다. 이러한 짐작이 논리적으로 타당하다고 확신할 수는 없다. 그러나 그러한 짐작이 잘못되었음을 입증할 수 있는 증거도 아직 없는 상태다. 인류의 위태로운 진화에 대해 반대 증거가 발견되거나 혹은 우리 스스로의 숙고로 이를 반증하기 전에는, 인류의 위태로운 진화는 충분히 유효한 가정이다. 따라서 인류의 진화과정에 대한 사려 깊은 실천적 태도가 필요하다. 일반 인공지능에 의한 인간 증강과 발전과 같은 인위적 개입은 심각한 위험을 야기할 수 있다. 따라서 이는 신중하게 규제되어야 한다.

24.12 진화의 문제는 복잡하며 불가사의하기까지 하다. 우리는 진화의 과정에 대해서 일부분만을 이해하고 있다. 그리고 진화의 일부에 대해서는 심지어는 잘못 알고 있는 경우도 있는 듯하다. 예를 들어, 복잡하고 "보다 높은 수준"의 생명체의 출현을 점진적으로 유도하는 일종의 심층적 과정이 진화에 내재되어 있을 수도 있다. 만약 그렇다면, 호모 수피리어의 탄생과 초지능의 구축은, 그것이 설사 인류를 대체하고 인류

를 멸종에 이르게 한다 하더라도, 인류의 진화과정에서 정해진 운명일 수도 있다.

24.13 인류 진화의 역동성에 대한 조건을 깊이 있게 생각할 수 있어야 한다. 이는 인류지도자가 되기 위한 근원적 토대에 해당한다. 그러한 역량은 현재의 대다수 정치지도자를 포함하여 대다수 현재 생존한 인류와 여러분을 구분짓는다. 따라서 여러분은 진화의 과정과 가능한 결과에 대한 이해력을 높이도록 끊임없이 노력해야 한다. 그렇다고 여러분은 인간이 가진 이해의 한계를 극복할 수 없으며, 진화의 과정에 절대적 영향을 미치는 우연성을 제거할 수도 없다. 따라서 인류의 미래 진화에 영향을 미치는 의사결정은 그 본질적 성격상 "목숨을 걸고 하는 승패가 불분명한 도박"에 해당한다. 이는 치명적이며 비극적 통찰로서 앞에서 언급되었던 것이기도 하다. 이에 대해서는 뒤에서 깊이 있게 논의하겠다.

25.1 인류 재발달세는 혁명적 변혁 기간으로 기록될 것이다. 전통
적인 기존 정치 구조는 미래에는 더 이상 작동하지 않을 것
이다. 기존 정치 구조는 정책 지체, "정부의 중복 기능", "국
민이 아니라 정치인과 정부의 구성원 스스로에게 더 많은 신
경을 쓰는 일",[1] 현실에 강압적 영향을 미치는 법률에 대한
지나친 의존, 가끔 일어나는 혁신을 기반으로 한 점진적 개선
을 특징으로 한다. 기존 정치 구조를 대체하고 새로운 시대의
도전에 대비하기 위해서는, 근본적으로 새로운 다수의 제도
등을 필요로 한다. 새로운 제도 등에 대해서는 8장 인류정책
에서 일부 다루었다.

25.2 기존 정치 구조의 대체를 위해서, 우선 창의적인 아이디어를
탐색하고, 다음으로 아이디어에 대한 검증과 그 중 실현 가능
성이 높은 대안을 채택해야 한다. 이렇게 하기 위해 여러분은
창의적인 사람들과 많은 시간을 보내야 하며, 책을 많이 읽어
야 하며, 참모 중에서 창의적인 조언자를 두어야 한다. 그런
데 창의적인 사람들 중에 특이한 사람이 많은 것을 감안하여,

---

[1] 정치인과 공무원의 대부분은 공익이 아니라 스스로의 이익을 지향하는 경향이
크다. 이를 대리인 이론이라 한다.

그 조언자가 특이하다 하더라도 수용해야 한다. 여러분은 관련성이 높은 연구 혹은 인류정책 씽크탱크를 만들어야 하며, 그들 씽크탱크와 면밀한 접촉을 유지해야 한다.

25.3 앞에서 언급한 행동을 여러분의 편에 있는 사람들로 하여금 실천하게 하기 위해서는 여러분은 급진주의적 태도를 취해야 한다. 여러분은 인간의 삶과 제도에 대해서 현저한 변화를 가능하게 하는 방안을 탐색해야 한다. 그리고 그러한 방안을 선호해야 하는 동시에, 급진적 변화를 선택하는 데 있어 신중해야 한다. 급진적 변화의 대부분은 형편없는 경우가 많다. 이에 반해 오랫동안 지속되어 왔던 것들의 대부분은 그 가치가 지속적이었다. 과거부터 이어져 오는 많은 것은 급진적 변화가 필요한 때에도 사회와 개인의 안정을 위해 필요하다.

25.4 급진주의를 택함에 있어서, 심층적 변화의 필요성을 명확하게 이해해야 한다. 이를 위해서는 여러분에게 정신적 자격요건으로 "합리적"일 것이 요구된다. 또한 동시에 여러분에게 충분히 정서적이고 감정적이 될 것이 요구된다. 예술가에 비유하자면, "다르게 창안"하는 방안을 찾거나 추구해야 하며, 적어도 새로운 예술학파에 가입해야 하는 것과 같다. "전위 예술가"가 된다는 의미는 여러분이 정서적으로 느끼는 것을 표현하는 것이며, 현실에서 필요하며, 그 실현이 가능한 것을 냉철한 이성으로 조율한다는 것이다. 이는 급진적 변화를 추구하는 동시에 지속성이 필요한 많은 것을 그대로 유지할 수 있도록 해야 한다.

25.5 이를 "선택적 급진주의"라고 할 수 있다. 선택적 급진주의는 여러분의 정신적 자질로 필요하며, 인류정책에도 반영되어야

한다. 인류의 속성 중 일부와 제도의 일부는 혁명적으로 변화시켜야 한다. 또한 동시에 그 중에 많은 것은 자연적으로 전개될 수 있도록 그대로 놓아두어야 한다.

26

26.1 "임상적 태도"는 다음의 네 가지를 요구한다. (1) 동시 다발
적으로 사건이 발생하더라도 "냉정"함을 유지해야 한다. (2)
손에서 피가 보이고 짙은 피 냄새가 난다 하더라도, 손을 떨
지 않아야 한다. 명료한 의식을 유지해야 하며, 필요할 때 환
부를 "잘라 낼" 준비를 하고 있어야 한다. (3) 당시에 유용한
최고의 지식을 유지해야 하고, 경험을 통한 기민한 학습으로
전문성을 유지해야 한다. (4) 할 수 있는 최선을 다하나, "환
자"와 환자의 고통을 동일시 하지 않아야 한다. 이렇게 함으
로써 여러분의 숙고와 해야 할 일이 방해 받지 않도록 해야
한다.

26.2 여러분이 괴물이 되는 것을 예방하기 위해서는 여러분은 인간
의 고통을 느낄 수 있어야 하며, 또한 느껴야 한다. 체임 포톡
(Chaim Potok)은 그의 소설 「선택 받은 사람들」(The Chosen,
1987)에서 다음과 같이 썼다.

> "…고통을 아는 것은 중요하다… 고통에 대한 무지는 우리의
> 자존감, 우리의 고결함을 파괴하며 타인을 무차별적으로 대하는
> 태도를 유지할 수 없도록 한다… 자디크(Tsaddik)[1]는 특히 고

---

1) 브리태니커 사전에 따르면, 히브리어로 Tsaddik, Tzaddik, Zaddik으로 쓰며, 정

통을 알아야 한다. 자디크는 백성이 고통을 어떻게 겪는지 알아야 한다. 정의로운 자는 국민으로부터 그들의 고통을 가져와서 그의 어깨 위에 올려야 한다. 그는 언제나 백성의 고통을 가지고 다녀야 한다. 그는 그의 나이보다 성숙해야 한다. 그는 가슴 속에서 언제나 울어야 한다. 춤을 추고 노래를 부르고 있을 때조차, 그는 백성의 고통에 대해서 울어야 한다."[2]

26.3 "인류지도자"를 "자디크"(히브리어로 종교의 현자를 의미한다)로 바꾸고, "그의 백성"을 "인류"로 대체하면, 포톡의 글은 "인류가 겪을 고통에 대한 임상적 태도"에 대해 균형 잡힌 인류지도자가 되기 위한 정신적 자격을 보여준다. 프로메테우스적 사명으로 인해 인류가 겪을 고통을 이해하고 느끼는 인류지도자만이, 양심을 훼손시키지 않으며, 그[3]의 일을 하는 외과의사와 같이, 생각하고 행동할 수 있다.

26.4 인류지도자로서의 여러분의 선택은 그 "승패가 불확실한 높은 도박"과 다르지 않다. 높은 비용에도 불구하고 실패할 가능성이 존재하기 때문이다. 이 때문에 인류가 겪을 고통에 대한 임상적 태도는 본질적으로 중요하다. 승패가 불확실한 도박에 대해서는 27장에서 다루겠다.

의로운 자를 의미한다.

2) 불교의 「유마경」에서 유마힐은 그의 병문안을 온 문수보살에게 다음과 같이 말을 한다. "일체중생이 병이 들었으므로 나도 병이 들었습니다." 유마힐의 고민과 체임 포톡의 글이 다르지 않다. 시간과 공간을 넘어서 진리는 널리 퍼져 있으며 관통한다.

3) 저자는 이 문장에서 여성과 남성 3인칭 주격과 소유격을 교차해서 사용했다. 우리나라 말은 성에 대한 구분이 없다. 3인칭을 표현하는 '그'는 여성과 남성을 모두 포함한다. 이에 따라 '그'로 번역했다.

27

27.1 인류지도자로서의 여러분은 인류 전체를 걸고 도박을 하는 승부사라는 사실은 단순명료하고, 자극적이며, 도전적인 동시에 쓰라린 진실이기도 하다. 이는 여러분의 마음속에 자리를 잡고 있어야 하는 인류지도자로서의 세계관이어야 한다. 이는 또한 여러분에게 도전적, 인지적, 정서적으로 가장 무거운 부담이다. 여러분은 이를 완전히 인식하고 있어야 한다. 또한 그 성공여부가 불확실한 인류정책을 합리적인 동시에 감정적으로, 의식적인 동시에 묵시적으로 개발함으로써, 그 승패가 불명확한 도박이 주는 고민과 고통에 대응해야 한다. 여러분이 제대로 된 방향으로 첫 발자국을 딛기 위해서는, 우리의 고민에 찬 선택을 불확실한 도박으로 만드는 깊은 불확실성[1]을 이해해야 한다.

27.2 인과의 개념은, 인류의 마음의 진화에서 강력하게 자리잡은 것으로, 대부분의 자연과학과 실무에 있어서 "상식"에 해당한다. 그러나 정치지도자가 해야 하는 복잡한 업무에 있어서 인

---

1) 미래학은 불확실성을 주요 대상으로 하는 학문이다. 인류정책을 만들기 위해서는 미래학에 대한 소양이 있어야 한다. 저자가 미래학자로서 활동했으며, 그의 스승이며 동료인 헤롤드 라스웰(Herold Lasswell) 교수가 정책학 분야에서 미래학의 시조가 된 이유이기도 하다.

과의 개념만으로 접근하기 어렵다. 투키디데스, 마키아벨리, 비스마르크를 비롯하여 그 이외의 다수의 통찰력 있는 의사결정권자는 이에 대해서 충분히 이해하고 있었다.

27.3 그렇다고 이들이 "제가 많은 생각 끝에, 여러분의 미래를 걸고 승패가 불분명한 도박을 하기로 결정을 했다"고 대중 앞에서 순진하게 말하지는 않았다. 공식적인 교육이 유의미하게 늘어났음에도 불구하고, 현재의 인류는 이러한 쓰라린 진실을 받아들일 정도로 성숙되고 계몽되기에는 아직 멀었다. 여러분은 글과 말에서 매우 신중해야 한다.

27.4 인간사에 있어서 운명의 여신은 큰 역할을 했음을 부인할 수 없다. 우연성의 힘이 크다는 것을 알게 되자, 일부 정치지도자는 점성술, 점쟁이 및 예언자 등을 믿어 파멸적 결과를 낳은 경우가 인류 역사에서 적지 않았다. "마법"에 대한 원시적 믿음은 더욱 위험했다. 단순한 종교적 생각도 치명적이기는 마찬가지였다. 카톨릭 국가인 스페인 국왕 펠리페(Phillip) 2세는 신교도 국가인 영국에 대항하여 1588년 스페인 무적함대를 이끌었다. 펠리페 2세는 당시 폭풍우에 대해서 경고를 받았으나, 그 신성한 전쟁에서 그리스도가 스페인을 패전하게 만들지 않을 것으로 믿었다. 그 결과[2]는 이미 알고 있을 것이다. 여러분은 펠리페 2세를 반면교사로 삼으라! 어떠한 형태이든 미신, 점성술, 원시적인 민간 신앙[3] 등은 인류지도자

---

2) 당시 유럽 최강의 무적함대는 영국과의 교전에서는 3대가 파손되었고, 다른 배는 태풍으로 인해 파손되었다.

3) 원시적 민간신앙에 대해 무조건 금기시하는 것은 과거 인류의 지식을 무시할 위험이 있다. 과학이 충분히 발달하지 않아서 인류의 지식이 일종의 민간신앙으로 전달될 수도 있었기 때문이다. 저자는 그러한 경우까지 거부하라고 하는 것은

에게는 금기시되어야 한다. 여러분이 나무를 두들기며 "행운" 을 비는 습관이 있다면, 당장 스스로를 걷어차고 그만두라. 그리고 여러분의 조언자가 그러한 비상식적 행동을 하는 경우 그에 대해서도 인내하지 말라.

27.5 여러분은 스스로의 결정에 대해서 자신감을 보여주어야 한다. 대외적인 지지를 얻을 수 있고, 불필요한 근심과 걱정을 방지하며, 더 나아가 "자기 실현적 예언"의 효과를 얻기 위한 것이다. 그러나 여러분의 마음 속에서는 불확정성, 무작위 효과 및 우발성("예정했던 일이 발생하지 않으면 드러날" 것이라는 의미에서)의 중요성을 언제나 제대로 인식하고 있어야 한다. 그리고 여러분은 우발성에 대응하는 원칙에 익숙해야 하고, 우발적 일이 발생하면 제대로 대응할 수 있어야 한다.

27.6 깊은 불확실성을 이해하기 위해서는 일련의 개념적 틀이 필요하다. 무엇보다 일확률통계적 접근방식을 주요한 인류 문제에 적용할 때는 문제 해결에 있어서 잘못된 방향으로 이끈다. 나는 여러분이 통계적 접근보다 정교한 개념적 틀을 제안한다. 이는 이른바 "양상 논리"[4])에 부분적으로 근거하나 양상 논리를 뛰어넘는 것이다.

27.7 양적 불확실성과 깊은 불확실성 사이에는 본질적 차이점이 있다. 양적 불확실성은 미래의 대안적 모습이 어느 정도 알려졌고, 다만 그 실현 가능성이 알려져 있지 않을 때 나타난다.

아니다. 합리주의적 사고, 과학적 사고, 비판적 사고를 가지고 민간신앙 등의 이면에 있는 인류의 경험을 찾을 수 있다면 찾아야 한다. 그런데 민간신앙 등에서 과거의 지식을 찾는 일은 인류지도자로서의 여러분의 임무는 아니며, 관련 학자의 책무이다.

4) 명제의 가능성, 필연성, 당위성 등의 양상을 서술하는 논리이다.

이에 반해 깊은 불확실성이란 대안적 미래의 모습에 대해서도 알지 못하는 상태를 가리킨다. 예를 들어 인류의 적에게 사형을 처하는 경우 그 효과는, 여기에서 사용할 수 있는 분류 논리의 덕으로 인해, 정성적으로는 어느 정도 알려져 있다. 사형제도는 직접적으로 인류의 적의 활동은 줄이나 행위의 가능성까지 줄이지는 못한다. 인류의 적을 사형으로 처벌하는 경우, 인류의 적의 행위는 다양한 형태로 확대될 수 있다. 이때 그 결과의 가능성은 확률적 불확실성에 처해 있다고 본다.

27.8 기대수명을 건강한 150세까지 연장되면 인류사회는 질적인 "깊은" 불확실성의 상태에 있다고 보아야 한다. 이들 결과의 일부는 어림짐작되거나 혹은 추정될 수는 있다. 그러나 정치, 경제 및 사회에 어떤 일이 일어날지에 대해서 사전에 전혀 인식할 수 없음은 거의 확실하다. 이것이 깊은 불확실성을 만드는 것이다.

27.9 여러분이 여러분의 선택으로 인한 가능한 결과에 대해 알지 못하는 경우, 여러분의 결정은 "임의적"이 된다. 이에 따라 다른 결과를 초래할 수 있는 문제에 대해서도 제기하지 못하게 된다. 그런데 대부분의 경우, 선택으로 인해 가능한 결과가 몇 가지로 제한되었거나, 혹은 결과의 범주가 사전에 결정되어 있다고 생각하는 경향이 있다. 이러한 경향으로 우리는 바보가 되는 경우가 많았다. 극단적 사례를 하나 들어보자. 외계인 우주선이 지구로 접근한다면, 우리는 무엇을 해야 할까? 이는 우선 외계인의 의도에 대한 우리의 예상에 달려있다. 그들이 지구를 파괴하기 위해 오는 것인지 혹은 우리가

알고 있는 단어로서의 평화를 지구와 유지하려고 오는 것인
지에 따라 다르다. 우리가 그들의 의도를 모른다 하더라도,
외계 우주선의 지구 접근을 허락하면 그때 결과는 "적대적
행위인가, 아닌가"의 두 가지 경우에 따라 다를 것이다. 이
정도로도 외계 우주선이 지구에 도착하기 전에 파괴할 것인
지의 여부를 결정하는 데 충분하다.

27.10 논리적으로 보자면, 일어날 수 있는 일의 범위를 설정하는 것
은 가능한 결과를 나열할 수 있도록 하여, 깊은 불확실성에
빠지는 일을 방지한다. 그런데 가능한 결과를 식별하는 것은
우리의 정신적 역량에 달려있다. 예를 들어 상기한 외계우주
선의 사례에서, 우리는 제3의 가능성을 인식할 수도 혹은 인
식하지 못할 수도 있다. 제3의 가능성 중의 하나는 외계우주
선의 함장이 지구를 침공할지 아니면 지구와 우호관계를 구
축할지에 대해서 아직 결정을 내리지 않았으며, 그러한 결정
을 내리기 전에 지구와 지구상의 생명체에 대해 먼저 학습을
하려고 할 수 있다. 그들은 우리 인류가 그들의 우주선을 어
떻게 받아들이는지에 따라 결정될 것이다. 제3의 가능성을
고려한다 하더라도, 외계인의 대응은 불확실할 수밖에 없다.
우리가 외계인을 평화적으로 받아들인다면, 외계함선의 함장
은 지구인이 유약하다고 판단하여, 우리를 공격할 수도 있다.
이와 반대로 지구와 평화적 대화를 진행할 수도 있다. 이에
반해 우리가 그들을 공격한다면, 외계우주선의 함장은 지구
를 파괴할 수도 있고, 혹은 인류를 강력하다고 판단하여 평화
적 협력의 뜻을 밝힐 수도 있다.

27.11 연쇄적 상호작용은 깊은 불확실성을 심화시킨다. 인류의 적

에 대해 가혹하게 처벌하고 조치하는 것이 그들을 좌절하게 할 수도 있으나, 역으로 그들을 극단으로 몰아붙일 수도 있다. 이러한 복잡하고 예측불가능한 상호작용에 대응함에 있어서 여러분의 정신상태는 최대의 긴장상태에 있게 될 것이다. 지구에 접근하고 있는 외계 우주선이 지구에 대해 의사결정을 내려야 하는 상황을 상상해보라! 여러분이 인류지도자로서 내려야 하는 선택의 대부분은 인류의 운명과 크게 관련이 없는 것이겠으나, 일부는 매우 복잡할 것이고, 일부는 인류의 운명에 치명적인 선택일 수 있다. 우리가 해야 하는 선택은 어떤 것이든 정서적인 것은 물론이고, 인지적인 에너지를 극단적으로 요구한다.

27.12 대안적 미래상에 대한 기대를 고려하면, 정확하든 혹은 그렇지 않든, 대안 미래의 가능성을 표현하기 위한 척도 또는 최소한 일련의 개념 묶음이 필요하다. 약간의 변수를 가진 양상논리는 불가능함, 가능성이 적음, 다소 가능성이 있음, 가능성이 있음, 매우 가능성이 높음, 확실함 사이를 구분할 수 있게 한다. 가능성의 양상에 현재 알지 못함, 앞으로도 알 수 없음, 알지 못함도 알지 못함을 더하겠다.

27.13 인류 재발달세의 시대에, 주요 인류정책을 선택하는 데 있어 양적 불확실성과 깊은 불확실성으로 둘러싸여 있다. 이를 인지하면, 논리적으로 심오하기는 하나 골치 아프며, 회피할 수 없는 결론에 도달한다. 여러분의 의사결정은 그 승패가 불확실한 도박인데, 인류의 장기적 생존 가능성을 얻기 위한 것으로 그 도박을 피할 수 없다. 이 도박의 내기 결과는 부분적으로는 결정되어 있으며, 부분적으로는 불확실하다.

27.14 다음 문장에 대해 깊이 생각해 보라. "역사는 필연과 우연 및 인류의 선택 사이의 역동적 융합에 의해 진행되었다." 위의 문장을 다음 문장으로 바꿀 수 있는데, 여러분은 인류지도자로 이를 제대로 이해해야 한다. 인류지도자의 프레메테우스적 사명의 본질은, 인류의 멸종 가능성을 최대한 줄이고, 대재앙을 방지하며 생지옥을 완화하는 동시에, 인류의 미래세대가 희망할 수 있는 인류의 장기적 번영가능성을 제고하기 위해, 역사적 과정에 개입하는 것이다. 역사과정에 개입하기 위해서는 역사의 방향을 전환하기 위해 충분한 힘을 주어야 하며, 그 개입 행위의 품질은 높아야 한다. 그런데 이러한 역사과정에 대한 개입하는 모든 행위는 일종의 "승패가 불확실한 도박"이라는 사실을 회피할 수 없다. 이 도박은 매우 중요하며 어떨 때는 목숨을 걸고 하는 도박이다. 따라서 "승패가 불확실한 도박에 능숙해지는 것"은 인류지도자가 갖춰야 할 결정적 역량이다.

27.15 그 다음에 우리는 이 승패가 불분명한 도박에서 이길 가능성을 높일 수 있는 방법에 대해 고민할 수 밖에 없다. 이에 대한 고민을 진행하기 전에, 앞에서 언급된 내용을 여러분이 잘 이해하고 있는지, 그리고 이를 충분히 수용하고 있는지를, 다음의 간단한 연습을 통해서 점검해야 한다. 위험 수준은 위험 확률에 위험 영향도를 곱한 값이라는 계산식은 상식이다. 위험 수준의 계산식을 생각해 보고, 이 수식이 인류가 직면한 주요 위험에는 적용할 수 없으며, 적용하는 경우 잘못된 의사결정을 내리게 하는 이유를 설명하라.

27.16 내가 최고 수준의 의사결정자가 참여한 워크샵에서 했던 방식이다. 워크샵에서 참석자에게 위의 질문을 하고, 이에 대한

답을 고민할 수 있도록 30분을 주었다. 30분이 지나면 참석자가 그룹별로 논의를 했다. 여러분이 이 비망록을 읽고 있는 상황에서 동일한 방식을 적용할 수 없다. 대신 여러분은 마음 속으로 혹은 컴퓨터에 위의 질문에 대한 답을 정리해 보도록 하자. 그때까지 잠시 책을 읽는 것을 멈추자. 여러분 스스로 답을 얻었으면, 다음 나의 설명과 비교해보자. 간단히 말해서, 확률적 가능성을 도출하기 위해서는 어떤 사건이 일어날 가능성에 대한 고도의 지식을 전제로 한다. 그런데 인류의 생존에 대한 주요 위험이 일어날 가능성을 정확하게 예측할 수 있는 데이터와 정보가 없다. 십분 양보한다 하더라도, 아마도 대재앙의 발생 가능성에 대해 어림짐작을 할 수 있을 정도이다. 더 나아간다 하더라도 "아마도"와 같은 최대한 소극적 용어를 사용하여 추정할 수 있는 정도다. 여기에 "이는 우리의 어림짐작인데, 이의 근거는 이렇고 저런(예를 들어 역사적 사례와 같은) 것이다"라는 설명을 덧붙여 약간의 신뢰를 추가하는 정도다. 이미 연구가 잘 진행된 사례로 상대적으로 단순한 것인데, 인도와 파키스탄의 분쟁 사례를 살펴보겠다. 여기에서 인도와 파키스탄의 핵전쟁의 가능성은 "가능성은 낮으며, 불가능하지는 않다"로 추정되었다. 이러한 추정은 진실에 가까운 것이다. 이 사례는 정확한 예측에 대한 환상적 기대가 얼마나 허망한지 보여준다. 세계 어디서나 발생할 수 있는 위험으로, 종말론적 종교교파가 대량 살상 바이러스를 생산하고 이를 사용하는 경우를 생각할 수 있다. 그런데 그 가능성에 대해 합리적으로 언급할 수 있는 최선은 고작 "가능은 하나, 그 가능성의 정도에 대해서는 알 수 없다" 정도이다.

27.17 위험의 영향도를 예측하는 것은 더욱 어렵다. 인도-파키스

탄의 핵전쟁의 사례를 다시 한 번 보자. 관련 연구는 핵전쟁의 결과 최소 수백 만 명이 사망하거나, 최악의 경우 지구의 오존층이 파괴되거나, 혹은 전세계적으로 계절풍과 농사를 마비시키는 "핵 겨울"이 도래할 것으로 보고 있다. 위의 사례에서 그 영향도를 정확하게 예측하는 것은 불가능하다. 그러나 세계적으로 심각한 결과를 불러올 수 있는 핵전쟁을 방지하기 위해 인류정책이 극단적 수단을 취하는 것을 정당화하는 데는 충분하다. 미래 위험의 영향도를 보자면, 지능이 있는 로봇은 노동시장을 파괴시켜, 심각한 결과를 초래할 것임은 확실하다. 그런데 그 영향 범위와 심각성은 추측과 짐작의 영역이다. 그리고 그 영향 범위를 완전히 인지할 수 없다. 위험 가능성에 영향도를 곱하여 위험 수준을 도출한 상식에 해당하는 계산식은, 신뢰할 수 있는 정량적 모델과 통계적 분석이 들어맞는 안정적이고 반복적 사건에만 적용 가능하다. 이는 깊은 불확실성 상태에 있는 지구적 차원의 전례가 없는 영역에서는 적용되어서는 안 된다.

27.18 승패가 불확실한 도박에서 여러분이 이길 수 있도록 하기 위해서, 여러분은 조언과 스승역할을 하는 전문가가 필요하다. 그 전에 여러분이 기본적으로 알고 이해해야 할 것이 있다. 다음 그들 중 일부이다.

(1) 선택대안을 고려할 때, 각 대안에 대해 비관적인 측면과 긍정적인 측면 모두를 언제나 생각해야 한다. 극단적으로 생각하는 것은 지양해야 한다. 다음으로 비관적 예측이 달성된다면 어떤 행동을 취할 것인지에 대해 숙고해야 한다.

(2) 여러분은 사전예방의 원칙이라고도 알려진 신중의 원칙을 따라야 한다. 신중의 원칙은 High Risk High Return의 상황에서

낮은 위험을 선택해야 한다는 것을 의미한다. 특히 실패를 하는 경우 대재앙으로 귀결되는 경우에 그렇다. 이는 비용−이득−위험 사고(계량적 분석이 아닌)에 불과하다. 어떤 경우에는 과감하게 위험이 있으나 높은 보상이 가능한 것을 선택해야 하는 경우도 있다. 그러나 인류의 존재에 대한 위험이 있을 때는 결코 높은 위험을 선택해서는 안 된다.

(3) 인류를 멸종시킬 만한 위험은 아주 낮은 데 반해, 그 이익은 상당히 큰 경우도 존재할 수 있다. 고에너지 준위의 입자충돌 실험 사례가 이에 해당한다. 여기서 무엇을 결정할지에 대한 기준은, "이성적 분석"이 아니라, 그 위험을 감내하고 얻을 수 있는 가치여야 한다. 따라서 질문은 다음과 같이 바뀌어야 한다. "이에 대해 결정을 할 수 있는 합법적 글로벌 거버넌스가 없는 동안에는, 누구의 이익을 기준으로 선택해야 하는가?" 나는 여러분이 이러한 진퇴양난의 상황에 대해 생각해 보았으면 한다. 나도 이에 대한 답을 아직 가지고 있지 않다.

(4) 다수의 의견을 통해 민주적 의사결정을 해야 한다. 그러나 다수결로 미래를 전망하면 안 된다. 만약 다수가 지지하는 미래 전망만이 수용되고, 이에 반해 고독한 사상가가 제시하는 대안 미래가 수용되지 않는다면, 가능성이 있는 대안미래(현재 알려지지 않았으며, 아마 알 수 없는 것으로, 우리가 알지 못함을 아는 것에 대한 대안미래에 해당한다)는 제시되지 않을 것이며, 이에 대해 우리가 고민할 기회도 사라질 것이다(고독한 사상가의 생각이 더 옳을 가능성이 크다는 것이 나의 생각이다. 다만 그의 생각이 다른 다수의 집단적 사고에 의해 오염되지 않았을 것을 전제로 한다. 그렇다고 여기서 이러한 주장을 내가 과감하게 하고자 하는 것은 아니다).

(5) 인류의 복리에 대한 심각한 위험은 그 가능성이 낮은데 방어 비용은 높은 경우가 많다. 자원은 언제나 부족하다. 따라서 그

위험이 실현될 가능성이 충분히 높지 않다면, 그 위험을 고려하지 않는 것이 일반적 경향이다. 그런데 이러한 경향을 여러분이 피해야 한다. 그렇지만 상당한 숙고에 시간을 보낸 이후에도, 진퇴양난의 상황에서 해야 할 일이 분명해지지 않는다. 우리의 결정은 위험의 성격, 사용 가능한 자원 및 그 위협 받는 가치(이른바 "복권의 가치")에 달려 있다. 그런데 위험의 실현 가능성이 낮더라도(혹은 그 가능성을 알 수 없다 하더라도 – 그 가능성을 알 수 없음을 가능성이 매우 낮은 것으로 생각하는 심리적 오류의 경향이 있기는 하나, 그렇다고 위험성이 낮음과 위험성을 알 수 없음의 두 가지 양태를 혼동해서는 안 된다), "최악의 결과"를 방지하는 것을 최우선 순위에 둘 것을 추천한다.

(6) 여러분의 성취와 실패는 대부분 운에 의해 결정된다. 여러분이 최선의 선택을 한다 하더라도, 그 결과는 철저한 실패가 될 수도 있다. 반대로 여러분이 바보 같은 결정을 했는데, 그 결과는 매우 성공적이어서 위대한 것이 될 수도 있다. 승패가 불확실한 도박이 개별적인 것이라서, 향후의 통계 사례로서 추가시킬 수 없는 경우, "푸딩인지 아닌지를 알기 위해서는 먹어봐야 한다"는 속담이나, 혹은 "결과에 의한 판단"과 같은 일반적 관행은 유효하지 않다. 심지어는 어리석은 것으로 보아야 한다.

27.19 중요한 것을 걸고 하는 승패가 불확실한 도박에 어쩔 수 없이 참여하는 것은 여러분이 인류지도자로 봉사하는 한 짊어지게 될 부담이다. 여러분은 인류지도자 될 것인지, 아니면 인류지도자로서의 부담이 없는 다른 삶을 택할 것인지의 존재론적 선택을 하기 전에, 과연 여러분이 그러한 정신적 중압감이 있는 책무를 수행하기를 원하는지를 신중하게 생각해 보아야 한다.

28

28.1 이 비망록을 통독했다면, 혹은 다시 한 번 더 읽거나, 더 나아가 관련 서적을 추가해서 읽었다면, 여러분은 인류지도자가 될지의 여부에 대한 존재론적 선택을 할 준비가 어느 정도 되어 있을 것이다. 여러분이 최종 선택을 하기 전에, 아래 나열한 사항에 대해 진지하게 고려했으면 한다.

(1) 인류지도자가 된다는 것은 여부의 문제가 아니라 정도의 문제다. 인류의 지도자가 되는 것이 정도의 문제라고 하더라도, 인류지도자가 되기 위해 희생해야 하는 것은 그것이 설사 작은 것처럼 보이더라도 작은 것이 아니다. 그리고 인류지도가 되기 위해서 희생이 요구되는 것은 여러분의 예상보다 더 큰 것이 요구된다. 여러분의 인생 중에서 아주 작은 것을 헌신하는 것일지라도, "인류로부터 인류를 구원"하는 사명을 받아들이고 사랑하기 위해서는 최소한의 기준을 통과해야 한다.

(2) 인류지도자가 되기 위해 필요한 자격을 획득하고 개발하기 위해서, 여러분은 스스로를 변혁시키는 데 많은 노력을 기울여야 한다. 여기에는 많은 책을 읽고, 대학원에서 공부를 하고, 여러분의 모국과는 다른 문화를 가진 나라에서 일을 하거나 생활을 해보는 것을 포함한다. 이외에 국제조직에서 일정한 기간 직무를 수행하거나, 현명하며 정신적으로 신뢰할 수 있는 정신적 스승을 가지거나, 인류에게 직면한 문제를 다루는

171

경험을 얻는 것도 포함된다.

(3) 여러분이 인류지도자가 될 모든 자격을 갖추었어도, 인류지도
자로서 활동할 수 있는 지도자로서의 지위를 얻지 못할 수 있
다. 반복적으로 노력한다면 인류지도자가 될 기회가 그에 비
례해서 늘어나긴 할 것이다. 그러나 여러분이 자격을 충분히
갖추고 어떠한 희생도 마다치 않았어도, 인류지도자가 될 수
없을 수도 있다. 그러한 경우 여러분은 마음이 매우 아프겠지
만, 확률적으로 불운에 빠졌다는 사실을 받아들여야 한다. 그
때는 인생에서 다른 목표를 탐색하는 것이 최선이다.

(4) 여러분이 여러분의 의지에 따라 인류지도자가 된다 하더라도,
인류지도자로서 살아가는 일은 힘겨운 일이다. 여러분의 가족
은 여러분이 프로메테우스적 사명을 수행하는 데 있어서 일정
부분 희생을 할 수밖에 없다. 그렇지만 여러분의 프로메테우
스적 사명을 다하는 것이 아무리 고통스럽다 하더라도, 이는
여러분과 여러분의 가족을 위한 것임을 알아야 한다.

(5) 여러분이 인류지도자가 된다면, 대부분 정치영역에서 활동하
게 될 것이다. 여러분은 더러운 일을 적지 않게 당할 것이다.
여러분은 부패의 유혹에도 노출될 것이다. 여러분은 여러분의
뜻과는 달리 스스로 더러운 일을 직접 해야 하는 경우도 적지
않을 것이다. 그러한 와중에도 여러분은 인류지도자로서의 자
격과 여러분의 본성을 유지해야 한다. 그러기 위해서는 여러
분의 내성을 잘 보호해야 한다. 만약 내성을 지키는 것이 쉽지
않다면, 여러분은 다른 삶을 찾는 것이 더 좋을 것이다.

(6) 인류지도자로서 산다는 것은 여러분에게 예외적인 자아실현의
기회를 줄 것이다. 여러분의 사명은 본질적으로 흥미롭고, 즐
거운 것이며 거의 "신성"한 일이기 때문이다.

(7) 여러분에 대해 다른 사람이 무슨 말을 하든, 혹은 미래의 역사

가가 여러분에 대해 뭐라고 쓰든, 마음 쓰지 말라. 여러분은 임종의 때가 올 때, 숭고한 목적을 위하여 여러분이 최선을 다 했음을 알 것이고, 마음의 평안을 느낄 것이기 때문이다.

28.2 법률용어인 권한개시영장(Quo Warranto)은 특정인에게 사무실이나 혹은 가맹점을 무슨 근거로 점유하고 있으며, 권리로서 주장하고, 실행하는지에 대해 그 근거를 제시해 달라는 것을 뜻한다. 기존 세계 질서를 고려한다면, 여러분에게 인류지도자로서의 권한개시영장이 제시된다면, 여러분은 어떠한 실질적 답을 가지고 있지 못한다. 이와 같이 기존 세계질서는, 합법적 기구에 의한 승인이 없다면, 여러분이 인류지도자로서 인류의 미래를 책임지는 역할을 수행할 수 있는 권한이 합법화할 수 있느냐 하는 성가신 질문이 제기된다.

28.3 여러분이 국제연합 조직 내에서 지도자의 역할을 맡고 있다면, 여러분은 상기한 성가신 질문에 대해 답을 가지고 있는 것이다. 그러나 이는 인류지도자 중 소수만이 가질 수 있는 답이다. 내가 여러분에게 제시하고자 하는 모범 답안은 도덕적이며 광범위하게 수용되고 있는 법적 원칙인 "긴박한 필요성"에 근거를 두었다. 이는 긴박한 어려움에 처한 자에게 그들의 직접적 요청이 없더라도 도움을 주어야 한다는 도덕적 원칙과 연계된다. 긴박한 필요성의 상황에서는 남을 도울 수 있는 모든 사람은 긴박한 처지에 있는 자를 돕는 것이 법적으로 허용되었을 뿐만 아니라, 도덕적인 의무도 지는 것이다.

28.4 내 모범 답안의 정당성은, 어느 누구도 미래에 대해 책임을 지는 권한을 미래로부터 부여 받지 못했다는 사실에 의해 강

화된다. 그러므로 여러분의 선의와 인류지도자로서의 역량과 함께 긴박한 필요성이 여러분이 인류지도자로서 활동하는 것을 정당화한다.

28.5 그러나 심각한 문제는 여전히 남아 있다. 여러분의 의도를 실체가 없는 인류의 의도로 해석할 수 있는가? 특정 시대의 일부 인류의 의도를 인류 전체의 의도로 해석하는 것은 옳지 않다. 일부의 의도가 인류 전체의 의도가 아니며, 미래 세대의 의도도 반영할 수 없다. 따라서 여러분은 미래세대까지 포함한 인류의 생존을 위해, 긴요한 행동만을 하는 것이 합리적이다.

28.6 이러한 철학적 고민이 아둔하게 보이겠지만, 역설적으로 인류를 대표하는 인류지도자의 행위를 굳건하게 한다. 미래를 위한 인류지도자는 어느 누구의 권한도 빼앗은 것이 아니다. 왜냐하면 미래세대까지 포함하여 인류 전체를 대표하여 발언할 수 있는 권한을 부여 받은 존재는 없기 때문이다. 다시 말하자면 인류를 대표("인류를 위한다는" 것과는 구분된다)하여 행동한다고 주장하는 누군가가 있다면 그는 사기꾼이다. 긴박한 필요성이 아니라면, 현재의 인류에게 미래 세대에 영향을 끼칠 의사결정을 할 수 있는 권리는 없다. 그러한 결정은 인류를 위하고 인류를 대표하는 역할을 수행할 수 있는 고도의 책임감과 완전한 자격이 있는 조직이나 사람이 해야 하는 것이다. 인류지도자에게는 그러한 책임감과 자격이 있으므로 그러한 의사결정을 내려야 한다.

28.7 이러한 모든 고려사항은, 현실을 살아가는 개인으로서의 여러분을 위한 것이다. 그리고 인류지도자가 되겠다는 의지의 실

천으로서의 여러분의 실존적 선택에 도움을 주기 위한 것이다. 인류지도자가 된다는 것이 어떤 의미를 지니는지에 대한 이해해야 한다. 인류지도자가 되기 위해 필요한 자격을 얻기를 간절히 바래야 한다. 그리고 그 무엇보다 여러분이 인류지도자가 되기를 선택하는 데 있어 진실로 필요한 것은, 인류지도자로서 인류로부터 인류를 구원하는 그 절박한 도전을 책임지겠다는 여러분의 영혼에 타오르는 불꽃이다.

***

실존적 선택으로서, 여러분의 진리로서, 이 세상에서의 여러분의 위치로서, 여러분이 인류지도자가 되는 것을 받아들인다면, 그리고 어떠한 외부의 보상도 없이 프레메테우스적 사명을 완수하기 위해 노력하고 땀을 흘리며 어떠한 희생도 마다하지 않겠다고 한다면, 이 인류지도자를 위한 거울인 신군주론을 여러분에게 나는 나의 존경심을 다하여 바치겠나이다.

- 분위기 전환을 위해, 나는 여러분이 테리 버츠(Terry Virts)[2]의 「우주에서 본 광경: 우주인이 촬영한 지구」[3]를 읽기를 권한다. 그의 책이 아니라 하더라도, 여러분의 주요 관심의 대상이 되는 것으로, 우리 인류가 거주하는 지구를 우주에서 관찰한 내용을 담은 책을 읽는 것도 좋다.

- 읽어야 할 책으로 가장 먼저 손에 잡아야 하는 것은 막스 베버(Max Weber)의 「직업으로서의 정치」의 22장 1항이다. 그 다음으로 조지 웰(H. G. Well)의 1914년[4]에 출간된 소설 「해방된 세계」를 읽으라. 최초의 핵폭탄의 구현과 사용에 대한 일부 비망록에서 「해방된 세계」가 인용되었는데, 조지 웰은 그 소설에서 끔찍한 전쟁 이후, 유토피아가 될 세계국가가 나타날 것으로 예측했다.

---

1) 드로어 교수가 많은 양서를 추천했다. 아쉬운 것은 추천한 책의 다수가 한글로 번역되지 않았다는 점이다. 번역된 책은 주석에 한글 책제목과 출판사를 기재했다. 번역되지 않은 책은 여러분이 책을 쉽게 읽을 수 있도록 영어 원서 제목과 출판사 등을 각주에 옮겼다.

2) 테리 버츠는 미우주항공국의 전 우주비행사다. 지금은 은퇴했다. 그의 책 「우주에서 본 광경: 우주인이 촬영한 지구」는 아쉽지만 아직 한글로 번역되지는 않았다. 대신 테리 버츠의 트위터가 약간의 아쉬움을 달래 줄 것이다. 테리 버츠의 트위터 계정: https://twitter.com/AstroTerry?
그리고 미항공우주국은 우주에서 찍은 사진을 전자 책으로 배포하고 있다.
https://www.nasa.gov/connect/ebooks/earth_detail.html

3) Terry Virts. 2017. 「View From Above: An Astronaut Photographs the World」 National Geographic.

4) 「해방된 세계」는 1913년 쓰여져서, 1914년 발간되었다. 같은 해인 1914년 7월 28일 850만 명이 사망한 제1차 세대전이 발발했다.

- 다음으로 리처드 로즈(Richard Rhodes)의 「원자 폭탄 만들기」[5]를 읽으라. 이 책은 제목이 주는 메시지 이상의 것을 담고 있는데, 이 비망록의 중심에 있는 문제를 잘 다루었다.

- 진화론과 진화론의 발전에 대해서 개괄서로 닐스 엘드리지(Niles Eldridge)의 「영원한 덧없음: 1종의 기원과 적응, 19세기에서 단속 평형을 걸쳐 전개되는」[6]을 읽으라. 이 책은 이 비망록과 관련이 있는, 다수의 종의 등장과 소멸에 대해 다루었다. 다음으로 토마스 네이글(Thomas Nagel)의 우상파괴적 책인 「마음과 우주: 왜 물질주의적 신 다윈주의의 자연에 대한 개념은 거의 확실히 잘 못되었는가」[7]를 읽으라. 인류로 이동해서, 유발 하라리(Yubal Harari)의 「사피엔스: 인류에 관한 간단한 역사」와 피터 워드(Peter Ward)와 조 커슈빙크(Joe Kirschvink)가 같이 쓴 「새로운 생명의 역사: 지구 생명의 기원과 진화를 밝히는 새로운 근본적인 발견들」를 읽으라. 다니얼 로드 스메일(Danial Lord Smail)의 「뇌의 발전과 깊은 역사」[8]를 보라.

---

5) 리처드 로즈 저. 1995. 「원자 폭탄 만들기」. 민음사

6) Niles Eldridge. 2015. 「Eternal Ephemera: Adaptation and the Origin of Species from the Nineteenth Century through Punctuated Equilibria and Beyond」 Columbia University Press.
   이 책도 아쉽지만 우리글로 번역되지 않았다. 단속평형설에 대한 책으로는 닐스 엘드리지의 동료였던 스티브 제이 굴드가 쓴 「판다의 엄지」가 있다.

7) Thomas Nagel. 2012. 「Mind and Cosmos: Why the Materialist Neo-Darwinian Conceptions of Nature is Almost Certainly False」 Oxford University Press.
   네이글은 목적론적 우주관을 주장한다. 목적론적 우주관은 어떤 이성이나 목적에 의해서 생물이 진화했을 가능성을 주장한다. 진화생물학자는 이에 대해 강력하게 반발하고 있는 상황이다. 목적론적 우주관은 드로어 교수의 생각과 결이 일치하는 부분이 있다. 그런데 여러분은 날카로운 이성과 합리적 비판에 근거해서 위의 책을 읽어야 한다.

8) Danial Lord Smail. 2008. 「On Deep History and the Brain」 University of

- 인류가 처한 위험에 관해서는 고전이 된 마틴 리 경(Sir Martin Rees)의 책「우리의 마지막 시간: 한 과학자의 경고, 어떻게 21세기에 지구와 그 너머까지의 인류의 미래를 테러와 오류와 환경재앙이 위협하는가?」[9]가 있다. 인류가 처한 위험을 전반적으로 다루는 책으로는 닉 보스트롬(Nick Bostrom)과 밀란 서코빅(Milan, M. Ćirković)이 편집한「전세계적 대재앙을 불러올 위험들」[10]이 있다. 이보다 간결하며 최신 정보로 수정된 것은 세계 도전 재단[11]의 보고서「전세계 대장을 볼러올 위험 2018」이 있다. 이 보고서는 다음 주소에서 확인할 수 있다. https://api.globalchallenges.org/static/files/GCF−Annual−report−2018.pdf

- 초지능의 가능성과 위험에 대한 상세 연구 및 초지능의 출현에 대응하기 위한 방안으로, 나는 닉 보스트롬(Nick Bostrom)의「슈퍼인텔리전스: 경로, 위험, 전략」[12]을 추천한다. 아울러 머리 샤나

California Press
이 책도 아쉽지만 번역 출간되지 않았다. 스메일은 뇌의 발전에 따라 역사가 전개되는 것을 서술해서 뇌과학과 역사학을 융합한 의미 있으며 고유한 시각을 제시했다.

9) Sir Martin Rees. 2003.「Our Final Hour: A Scientist's Warning: How Terror, Error, Environmental Disaster Threaten Humankind's Future in this Century − On Earth and Beyond」Basic Books
이 책도 아쉽지만 번역되지 않았다. 다만 이 책을 주제로 한 마틴 리 경의 동영상은 인터넷에서 쉽게 찾아볼 수 있다.
https://www.english−video.net/v/ko/2067
TED에서 Martin Rees를 키워드로 하여 강연자료를 쉽게 찾을 수 있다.

10) Nick Bostrom, Milan, M. Ćirković, eds. 2008.「Global Catastrophic Risks」. Oxford University Press.
세계적 대재앙 위험 연구소(Global Catastrophic Risk Institute)는 인류를 위협하는 위험에 대한 연구를 진행하고 있다. https://gcrinstitute.org/

11) 스위스의 비정부조직인 세계 도전 재단(Global Challenge Foundation)은 매년 세계 위험에 대한 보고서를 작성하고 있다. https://globalchallenges.org/

12) 닉 보스트롬 저, 조성진 역. 2017.「슈퍼인텔리전스: 경로, 위험, 전략」. 까치

한(Murray Shanahan)의 「특이점과 초지능」[13]도 추천한다.

- 회피할 수 없는 잘못의 자연적 속성을 개인적 이야기로 풀어나가는 책인 제인스 리즌(James Reason)의 「실수하는 삶: 사소한 실수에서 큰 재난까지」[14]도 추천한다.

- 인류가 직면한 문제에 대해서는 나와는 다른 접근을 이해하기 위해서는, 데이비드 로스코프(David Rothkopf)의 「내일을 위한 위대한 질문」[15]을 읽기 바란다.

- 종말론적 종교분파에 대한 예시적 사례는 로버트 제이 리프턴(James Jay Lifton)의 「세계를 구원하기 위해 세상을 파괴하기: 옴진리교, 종말론적 폭력과 새로운 전지구적 테러리즘」[16]이 있다.

- 인간 증강에 대한 주요한 이슈는 맥스 모어(Max More)와 나타샤 비타 모어(Natasha Vita－More)가 편집한 「트랜스 휴먼 독자: 인간의 미래에 대한 과학, 기술 및 철학에 관한 고전 및 현대의 에세이」[17]와 줄리안 새벌레스큐(Julian Savulescu)와 닉 보스트롬(Nick Bostrom)이 편집한 「인간 증강」[18]이 잘 다루고 있다.

---

13) 머리 샤나한 저, 성낙현 역. 2018. 「특지점과 초지능」. 한울

14) James Reason. 2013. 「A Life In Error: From Little Slips to Big Disasters」. Boca Raton, IL: CRC Press

15) David Rothkopf. 2017. 「The Great Questions of Tomorrow」. Simon & Schuster.

16) Robert Jay Lifton. 2000. 「Destroying the World to Save It: Aum Shnrikyo, Apocalyptic Viloence and the New Global Terrorism」. Holt

17) Max More, Natasha Vita－More, eds. 2013. 「The Transhuman Reader: Classical and Contemporary Essays on the Science, Technology, and Philosophy of the Human Future」. Wiley－Blackwell.

18) Julian Savulescu, Nick Bostrom, eds. 2015. 「Human Enhancement」. Oxford University Press.

- 인류의 멸종에 관해서는 고전이 된 책인 존 레슬리(John Leslie)의 「충격 대예측 세계의 종말」19)은 읽을 가치가 있다. 세계적 종의 멸종에 대해서는 보다 간결하고 최신 정보로 보완된 엘리자베스 콜버트(Elizabeth Kolbert)의 「여섯 번째 대멸종」20)이 있다.

- 인간 종을 집단적인 도덕 기관으로 증진하기 위한 아이디어에 대해서는 마이클 브랫맨(Michael E. Bratman)의 「공유된 기관: 공동 활동을 위한 계획 이론」21)을 읽으라. 데보라 페론 톨레프슨(Devorah Perron Tolleffsen)의 「실천자로서의 단체」22)도 읽을 가치가 있다. 라미오 투오엘라(Ramio Tuoela)의 「사회적 존재론: 집단적 의도와 집단 기관」23)은 까다로운 책이긴 하나 매우 중요하다.

- 대규모의 폭력만이 경제적 불평등을 완화시킬 수 있다는 주장은 발터 샤이델(Walter Scheidel)의 「불평등의 역사」24)에서 강력하게 제시되었다.

- 중국 전통에 영향을 받은 덕치에 대한 아이디어를 대니얼 벨(Daniel Bell)의 「차이나 모델: 중국의 정치 지도자들은 왜 유능한가」25)에서 제시되고 있다. 제이슨 브래넌(Jason Brennan)의 「민주주의에 반대한다」26)가 이를 뒤따랐다.

---

19) 존 레슬리. 1998. 「충격 대예측 세계의 종말」. 사람과사람
20) 엘리자베스 콜버트 저, 이혜리 역. 2014. 「여섯 번째 대멸종」. 처음북스
21) Michael E. Bratman. 2014. 「Shared Agency: A Planning Theory of Acting Together」. Oxford University Press.
22) Devorah Perron Tolleffsen. 2015. 「Groups as Agents」. Polity.
23) Ramio Tuoela. 2013. 「Social Ontology: Collective Intentionality and Group Agency」. Oxford University Press.
24) 발터 샤이델 저, 조미현 역. 2017. 「불평등의 역사」. 에코리브르
25) 대니얼 벨 저, 김기협 역. 2017. 「차이나 모델: 중국의 정치지도자는 왜 유능한가」. 서해문집

- "행운"에 관한 에세이 집으로는 던칸 프리차드(Duncan Pridchard)와 리 존 위팅턴(Lee John Wittington)이 편집한 「행운의 철학」[27]이 있다.

- 인류정책에 대한 숙고를 하는 방안에 관해서는 에밀리아노 이폴리티(Emiliano Ippoliti)가 편집한 「발견적 추리」[28]를 읽으라. 여기에 이폴리티의 책과는 다른 접근이나 상당한 관련이 있는 고전적인 중국의 접근을 소개한 프랑수아 줄리앙(François Jullien)의 「서양과 중국 사고 방식 사이에서」[29]를 추가로 읽기를 권한다.

- 인류지도자의 정신적 자격에 관해서는 피에르 해돗(Pierre Hadot)의 「내성: 마르쿠스 아우렐리우스의 명상록」[30]이 있다. 실존주의에 관해서는, 사라 베이크웰(Sarah Bakewell)의 「살구 칵테일을 마시는 철학자들」[31]을 읽으라. 로버트 로버츠(Robert C. Roberts)와 제이 우드(W. Jay Wood)가 공저한 「지적 미덕: 규율적 인식에 관한 에세이」[32]는 인류지도자에게 필요한 덕목을 제시하고 있다.

- 기후 변화에 대한 정치학을 간단히 소개하고, 상대적으로도 명료

---

26) Jason Brennan. 2016. 「Against Democracy」. Princeton University Press. 브레넌의 책 「민주주의에 반대한다」는 책 이름으로 인터넷에서 검색하면 비교적 상세하게 그 요약내용을 검색할 수 있다.

27) Duncan Pridtchard, Lee John Whittington, eds. 2015. 「The Philosophy of Luck」. Wiley Blackwell.

28) Emiliano Ippoliti, ed. 2016. 「Heuristic Reasoning」. Springer

29) François Jullien. 2004. 「Treatise on Efficacy: Between Western and Chinese Thinking」. University of Hawaii Press.

30) Pierre Hadot. 2001. 「The Inner Citadel: The Meditations of Marcus Aurelius」. Harvard University Press

31) 사라 베이크웰 저, 조영 역. 2017. 「살구 칵테일을 마시는 철학자들: 사르트르와 하이데거, 그리고 그들 옆 실존주의자들의 이야기」. 이론과실천

32) Robert C. Roberts, W. Jay Wood. 2007. 「Intellectual Virtues: An Essay in Regulative Epistemology」. Oxford University Press.

한 문제에 대해서조차 현대 세계 기구의 무능력함을 보여주는 책으로 마크 마슬린(Mark Maslin)의 「기후변화의 정치경제학」33)이 있다. 시급한 세계 질서의 변화를 가져오는 데 있어서, 현존 정치 체계에 의존할 수 없음은 마크 마조워의 「세계 정부: 1815년에서 현재까지의 사상의 역사」34)가 잘 보여주고 있다. 아드리안 골드워시(Adrian Goldworthy)의 「팍스 로마나: 로마 세계에서의 전쟁, 평화와 정복」35)은 생각보다 여기서 소개하는 책의 내용과 관련이 있다.

• 세계 질서에 대해 내 생각과는 다른 접근으로 데이비드 헬드의 「코즈모폴리타니즘: 이상과 현실」36)과 이미 고전이 된 헨리 키신저의 「헨리 키신저의 세계질서」37)에서 잘 제시되었다.

• 인류지도자에 관한 논문으로 학술지인 'Futures'38), 'World Futures Review'39) 및 'Global Policy'40)가 있다. 주기적으로 확인하기를 바란다.

• 초기 인류지도자의 계몽적 자서전으로 로저 립시(Roger Lipsey)의 「함마휠드: 인생」41)을 읽으라.

---

33) 마크 마슬린 저, 조홍섭 역. 2010. 「기후변화의 정치경제학: 기후 온난화를 둘러싼 진실들」. 한겨레출판사
34) Mark Mazower. 2012. 「Governing the World: The History of an Idea, 1815 to the Present」. Penguin.
35) Adrian Goldworthy. 2016. 「Pax Romana: War, Peace and Conquest in the Roman World」. Yale University Press.
36) David Held. 2010. 「Cosmopolitanism: Ideals and Realities」. Polity.
37) 헨리 키신저 저, 이현주 역. 2016. 「헨리 키신저의 세계질서」. 민음사
38) https://www.journals.elsevier.com/futures
39) https://journals.sagepub.com/home/wfr
40) https://globalpolicyjournal.com/
41) Roger Lipsey. 2013. 「Hammarskjöld: A Life」. University of Michigan Press.

- 세계적 인류정책을 위한 씽크탱크를 위한 모델을 제시하는 책으로 앤드류 호엔 등의 「격동의 세계에서의 전략적 선택: 안보와 기회에 대한 추구」[42]가 있다. 이 책은 https://www.rand.org/content/dam/rand/pubs/research_reports/RR1600/RR1631/RAND_RR1631.pdf에서 다운로드 받을 수 있다.

- 일시적 긴급상황에 대해서 도움을 주는 "응급 구조"에 대한 사례로서 그레이엄 맥스턴(Graeme Maxton)과 조전 랜더스(Jorgeon Randers)가 공저한 「인류 번영의 재창조: 실업과 불평등 및 기후 변화를 완화하기 위해 경제 성장에 대한 관리」[43]가 있다.

- 막스 베버 이후의 정치적 리더십으로 돌아가, 샬롬 사다와 사르(Shalom Saada Saar)와 마이클 하그로브(Michael J. Hargrove)의 「확신을 가진 리더십: 통합적 리더십의 아홉 가지 핵심요소 마스터링」[44]을 읽으라. 정치적 리더십으로는 마이클 폴리(Michael Foley)의 「정치적 리더십: 주제, 맥락 및 비평」[45]과 폴 하트(Paul t'Hart)의 「공적 리더십에 대한 이해」[46]가 유용하다. 위의 책과 대조되는 것인데 나의 급진적 시각을 담은 책 「아방가르드 정치인: 새로운

다악 함마휠드(Dag Hjalmar Agne Carl Hammarskjöld)는 스웨덴 경제학자 겸 외교관으로 국제연합(UN)의 제2대 사무총장을 역임했다. 그에 대해서는 책의 앞에서도 언급되었다.

42) Andrew R. Hoehn et al. 2017. 「Strategic Choices for a Turbulent World: In Pursuit of Security and Opportunity」. Rand Corporation.

43) Graeme Maxton, Jorgeon Randers. 2016. 「Reinventing Prosperity: Managing Economic Growth to Reduce Unemployment, Inequality and Climate Change」. Graystone Books.

44) Shalom Saada Saar, Michael J. Hargrove. 2013. 「Leading with Conviction: Mastering the Nine Critical Pillars of Integrated Leadership」. Jossey-Bass.

45) Michael Foley. 2013. 「Political Leadership: Themes, Contexts, and Critilques」. Oxford University Press.

46) Paul 't Hart. 2014. 「Understanding Public Leadership」. Palgrave.

시대를 위한 지도자」47)가 있다.

- 세상의 종말을 다룬 영화, 소설 및 책이 많이 있는데, 내가 그 중 가장 좋아하는 것은 발터 밀러 주니어(Walter M. Miller, Jr.)의 「라이보위츠를 위한 찬송」48)이다. 아이작 아시모프(Issac Asimov)의 「파운데이션」49)은 7권의 시리즈로 구성되어 있는데, "상승과 쇠퇴"에 대한 내 전 생애의 관심을 자극하였다. 이 책은 인류의 진화와 인간 종의 미래에 대해 나를 이끌었고, 결국 이 비망록을 쓰게 했다. 그러므로 여러분에게 독서의 즐거움을 불러일으키는 동시에 여러분도 책을 쓰는 것을 자극하기 위해 러셀 블랙포드(Russel Blackford)의 책 「공상과학소설과 도덕적 상상: 비전, 마음, 윤리」50)를 추천한다.

- '웨스트 윙'이나 '하우스 오브 카드' 등과 같은 영화와 TV 시리즈물은 정치인에 대해서 다루고 있는데, 이들은 여러분이 머리를 식히는 데 도움이 되기는 할 것이나, 이들은 사실을 오도하고 여러분에게 새로운 아이디어를 주지 못한다. 대신 2016년 HBO 시리즈인 '영 포프(The Young Pope)'를 강력하게 추천한다. 이 TV 시리즈는 매우 창의적일 뿐만 아니라, 기존 정치지도자에 대립하는 "다른 유형"의 정치지도가 겪는 어려움을 잘 보여주었다.

---

47) Jehezkel Dror. 2014. 「Avant-Garde Politician: Leaders for a New Epoch」. Westphalia Press.
48) Walter M. Miller, Jr. 1959. 「A Canticle for Leibowitz」. EOS.
「라이보위츠를 위한 찬송」은 아마존의 고전 SF 베스트에 선정되었다.
49) 아이작 아시모프. 2013. 「파운데이션」. 황금가지
50) Russel Blackford. 2017. 「Science Fiction and the Moral Imagination: Visions, Minds, Ethics」. Springer.

감사의 말씀

나는 정책연구기구(Policy Studies Organization, PSO)의 학회장인 폴 리히(Paul Rich) 교수에게 큰 감사를 드린다. 같은 기구에서 이사인 다니엘 구티에레즈－산도발(Daniel Gutierrez－Sandoval)에게 이 책의 출판을 맡아준 것에 대해 특히 감사를 드린다. 정책연구기구와 여려해 관계를 가질 수 있었던 것이 내게는 기쁨이었는데, 이 책을 출간하는 데 협력할 수 있는 기회를 가지게 되어 더욱 고맙다.

나는 디자이너인 제프리 반스(Jeffrey Barns)의 전문적인 도움을 받았다. 그에게 빚을 졌다.

그리고 특별한 "고마움"을 푸더 홍보사(Puder PR)와 푸더사의 설립자 겸 대표인 애릭 푸더(Arik Puder)와 그 임직원에게 드린다. 그들의 도움이 있어서 이 책이 내가 의도했던 독자에게 다가갈 수 있었다.

그러나 내가 고마움을 드려야 할 분들이 많기는 하나, 마지막으로 짐 데이터(Jim Dator) 교수에게 이 책의 중요한 수정 부분을 제안한 데 대해, 마이클 마리엔(Michael Marien) 박사에게는 지속적인 논평을 준데 대해, 미드나이트 이스트(www.midnighteast.com)의 설립자이자 편집자인 나의 조카 에일렛 데켈(Ayelet Dekel)에게는 내 글을 윤문해준 데 대해 큰 감사를 드린다.

인류지도자를 위한 비망록: 나는 인류사회를 위해 무엇을 할 것인가

초판발행   2019년 11월 20일

지은이   Yehezkeo Dror
옮긴이   권기헌 · 윤기영 · 이강희 · 조진형 · 이대웅
펴낸이   안종만 · 안상준

편 집   전채린
기획/마케팅   이영조
표지디자인   이미연
제 작   우인도 · 고철민

펴낸곳   (주) **박영사**
            서울특별시 종로구 새문안로3길 36, 1601
            등록 1959. 3. 11. 제300-1959-1호(倫)
전 화   02)733-6771
f a x   02)736-4818
e-mail   pys@pybook.co.kr
homepage   www.pybook.co.kr
ISBN   979-11-303-0861-6 93320

* 잘못된 책은 바꿔드립니다. 본서의 무단복제행위를 금합니다.
* 역자와 협의하여 인지첩부를 생략합니다.

정 가   13,000원